SPILKER · BINNINGER
WILDWASSERFÜHRER PIEMONT

GERT SPILKER · KLEMENS BINNINGER

Wildwasserführer Piemont

PIETSCH VERLAG STUTTGART

Einbandgestaltung: Gunar Braunke, unter Verwendung eines Fotos von Klemens Binninger

Alle Angaben ohne Gewähr.
Hinweise, Anregungen und ergänzende Beobachtungen bitte an:
Gert Spilker, Am Schloßpark 10, 7801 Stegen.

ISBN 3-613-50147-3

1. Auflage 1991

Ein Unternehmen der Paul Pietsch-Verlage GmbH & Co.

Satz: Vaihinger Satz + Druck, 7143 Vaihingen/Enz.
Druck: Maisch u. Queck, 7016 Gerlingen
Bindung: Karl Dieringer, 7016 Gerlingen
Printed in Germany

Inhalt

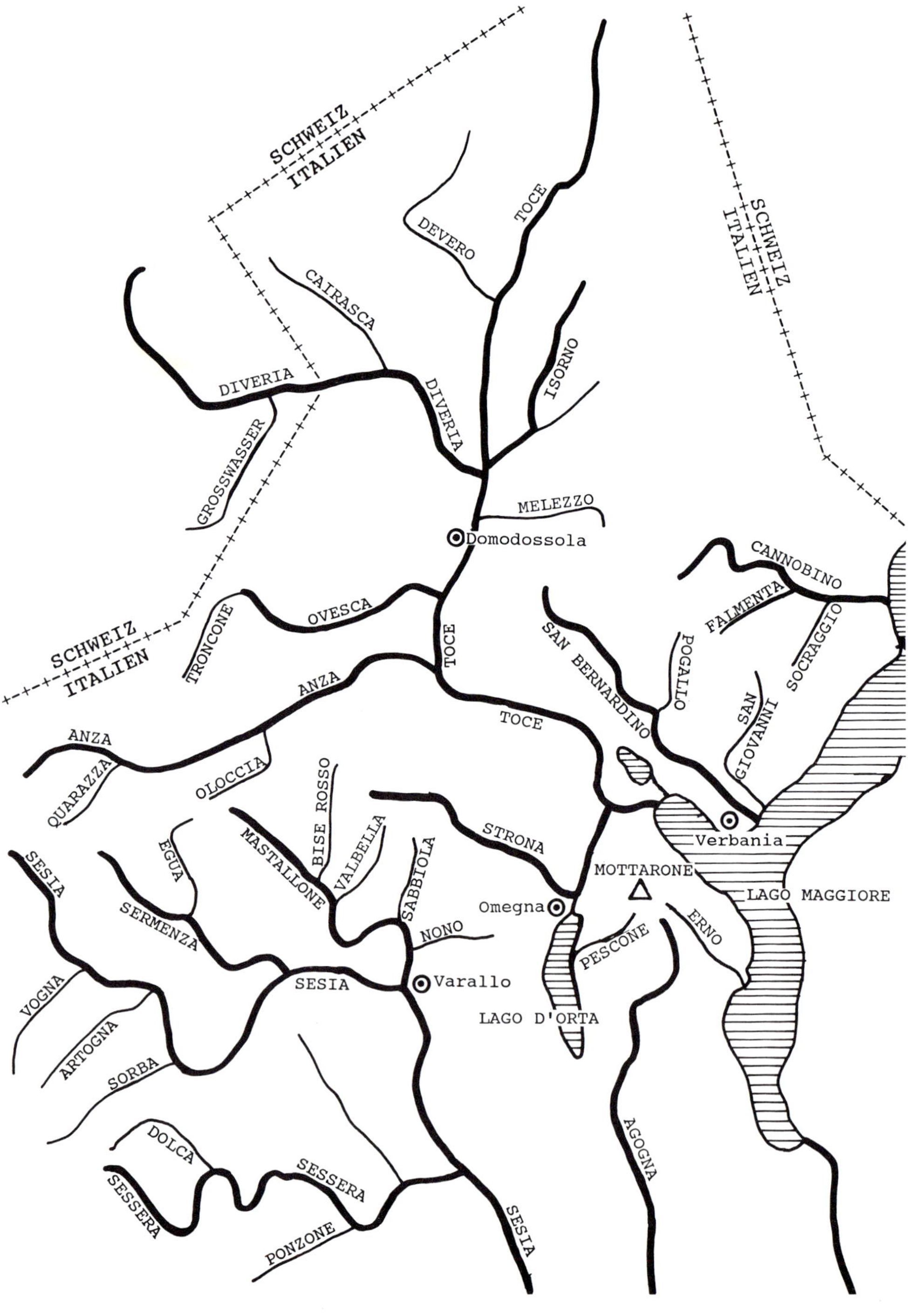

SCHWEIZ
ITALIEN
SCHWEIZ
ITALIEN
SCHWEIZ
ITALIEN
TOCE
DEVERO
CAIRASCA
ISORNO
DIVERIA
DIVERIA
GROSSWASSER
MELEZZO
Domodossola
CANNOBINO
OVESCA
TRONCONE
TOCE
FALMENTA
SOCRAGGIO
SAN BERNARDINO
POGALLO
SAN GIOVANNI
ANZA
TOCE
ANZA
QUARAZZA
OLOCCIA
BISE ROSSO
STRONA
Verbania
MASTALLONE
VALBELLA
EGUA
SESIA
SABBIOLA
MOTTARONE
LAGO MAGGIORE
Omegna
SERMENZA
NONO
ERNO
PESCONE
SESIA
Varallo
VOGNA
LAGO D'ORTA
ARTOGNA
SORBA
AGOGNA
DOLCA
SESSERA
SESSERA
PONZONE
SESIA

Vorwort

Dieses Buch ist für all jene gedacht, die mit einem Wildwasserboot losziehen, um das Abenteuer zu suchen. Sie brauchen kein literarisches Epos, sondern einen zuverlässigen Sachführer, der Informationen vermittelt. Dennoch ist unser Bestreben, auch etwas von dem Flair des Wildwasserfahrens auszudrücken, von dem seltsamen Kribbeln, das einen durchläuft, wenn es mal wieder soweit ist.

In seinem Boot öffnet sich dem Paddler eine sehr spezielle, eindrucksvolle Welt. Seine Sinne erfahren die Landschaft unmittelbar mit einer ganz eigenen Perspektive, er erlebt die Natur viel intensiver als ein bloßer Zuschauer.

So ist das Wildwasserfahren völlig unverständlich für denjenigen, der nie im Kajak auf einem Fluß dahingeglitten ist, der noch nie seinem Murmeln gelauscht und seine Wellen gespürt hat. Er weiß nicht, was es bedeutet, wenn eine Walze mit ihrer ganzen Wucht über dem Kanuten zusammenbricht, ihm die Sicht und den Atem nimmt.

Das Wildwasserfahren erfordert eigene Begeisterung, Vorsicht und Erfahrung. Man mißt sich nicht direkt mit einem Konkurrenten, bekommt keine Medaille und erhält keinen Beweis für die erbrachte Leistung. Der spezielle Reiz liegt in der ständigen, eigenverantwortlichen Selbsteinschätzung und der gemeinsamen Meisterung unbekannter und unerwarteter Situationen. Das Ziel ist das Gelingen der Tour, und das kann nur zusammen erreicht werden.

Ganz bewußt versuchen wir, die Grenzen des Wildwasserfahrens weiter zu stecken. Wir befuhren mit dem Kajak viele, bisher völlig unbekannte Schluchten und Klammen, versuchten uns mit dem offenen Wildwasserkanadier auf schwersten Wildbächen und haben sämtliche wichtigen Informationen unmittelbar nach der

Befahrung notiert, als die Eindrücke noch frisch waren. Das Schluchtenklettern, im »Fachjargon« auch Schluchting genannt, diente uns anfangs dazu, die Befahrbarkeit unbekannter Klammen zu erforschen. Es läßt müßigere Landschaftsbetrachtungen als das Paddeln zu und ist eine gute Möglichkeit, Neulinge in die Schönheit abgelegener Urlandschaften einzuführen.

Immer noch fristen die italienischen Alpen ein Schattendasein in der alpinen Literatur. Sie sind nicht so stark besucht und nicht so gut erschlossen wie die anderen Alpenländer. Nicht daß sie weniger reizvoll wären, nein, sie halten sich für denjenigen zurück, der versucht, abseits der ausgetretenen Pfade zu gehen, der den Mut und den Tatendrang hat, Neues zu entdecken.

Sei es, daß man im oberen Valle Grande mehrere Tage wandert, ohne auch nur einem einzigen Menschen zu begegnen, mit dem Auto auf abenteuerlichen Wegen kilometerweit ins oberste Sesseratal fährt, dort steckenbleibt und plötzlich merkt, daß es zur Zivilisation arg weit ist, oder daß man sich auf einer verlassenen Alm eine Pfanne frisch gesammelter Maroni brät: ein Erlebnis ist es immer.

Gerade hier der eindringliche Appell an alle Sportsfreunde, die diese wunderschöne Region besuchen wollen: Verlaßt die Natur wieder so, wie ihr sie vorgefunden habt. Gebt den Einheimischen keinen Grund, auf unsere kleine Minderheit ablehnend oder ärgerlich zu reagieren, sei es durch gedankenlos geparkte Fahrzeuge, zertrampelte Wiesen oder liegengelassenen Müll. Wir sind nur Gäste in dieser herrlichen Gegend. Und wir lieben den Sport in intakter, urwüchsiger Natur.

Zerstörte Paradiese gibt es genug. Wie eine Krankheit mutet jeder industrielle Eingriff in diese letzten Urlandschaften Mitteleuropas an. Langfristig schlägt Gewalt immer auf denjenigen zurück, der sie ausgeübt hat. Und es ist Gewalt, was wir unseren Bergbächen antun:

Aus ihrem stetigen, natürlichen Lauf herausgerissen, kanalisiert, aufgestaut und abgeleitet, dienen sie kurzfristigen Profitinteressen. Sie vermehren den Reichtum jener, die mit dem Versprechen, unser Leben lebenswerter zu machen, die letzten Paradiese vernichten. Betrachtet man die Entstehungsgeschichte einiger Tallandschaften und die Vergänglichkeit moderner Betonbauten, so fragt man sich, wie lange die Natur die gewaltige Last riesiger Speicherseen wohl tragen wird. Ein Stausee setzt sämtliches Leben unter Wasser. Seine Ufer sind kahl und biologisch wertlos, seine aufgestauten Wassermassen stellen eine ständige Bedrohung dar. Hochspannungsleitungen durchziehen die Täler, um die als umweltfreundlich bezeichnete Energie abzuführen. Da Stauseen als Hochwasserrückhaltebecken nur bedingt geeignet sind, werden die Flüsse, in denen doch meist nichts mehr fließt, begradigt und mit Geschiebebremsen verbaut. Abwässer gelangen oft ungeklärt direkt in den Fluß. Ist das der endgültige Triumpf des Menschen über die Natur?

Wir haben versucht, das vorliegende Gebiet möglichst vollständig zu erkunden. Insbesondere die beschriebenen Bäche sind, soweit nicht anders vermerkt, mehrmals von uns befahren, was das Risiko von Fehlinformationen minimiert. Natürlich verändern sich Wildflüsse vor allem nach Hochwasserperioden, so daß Flußbeschreibungen unter Umständen schon zum Erscheinungsdatum überholt sein können.

Viele der beschriebenen Unternehmungen haben extremen Charakter, dieses Buch kann nur Hinweise zur eigenen Planung geben. Selbstverständlich ersetzt es nicht ein ausführliches Kartenstudium und nicht die Erkundung vor Ort. Obwohl wir uns größte Mühe gegeben haben, eine sachlich richtige Darstellung zu vermitteln, ist blindes Vertrauen völlig unangebracht. Für alle in diesem Buch gemachten Angaben wird keine Gewähr übernommen.

Doch das macht ja gerade die Spannung aus beim Spiel mit dem sich immer verändernden Element.

Haben wir dann genug von Einsamkeit und Nervenkitzel in den Bergen, so ist es zu den romantisch herausgeputzten Dörfchen um den Lago Maggiore nicht weit. Dort unten brodelt der Massentourismus mit all seinen Verlockungen. Abenteuer, die man da erlebt, füllen andere Bücher.

Das Piemont

Zwischen Tessin und Aostatal, Monte Rosa und Lago Maggiore liegt ein einzigartiges Fleckchen Italiens. Gletscher und Palmen, verlassene Rustici, alte Natursteinpfade und Brücken über rauschende glasklare Wildbäche laden ein zum Träumen und Verweilen.

Dennoch ist es dem Nordeuropäer kaum ein Begriff. Er kennt lediglich die Piemontkirsche aus der Mon-Cheri-Werbung, für ihn liegt das Piemont sozusagen um die Ecke herum, hinter den höchsten Alpengipfeln. »Land im Abseits« oder »Land jenseits« wäre von hier aus die treffende Bezeichnung.

Die Römer, die unter Lucullus die Kirsche von Kleinasien nach Mitteleuropa brachten, kamen von der anderen Seite. Für sie war es das »Pedes Montium«, was soviel heißt wie »Land am Fuß der Berge«. Den Zacken einer Krone gleich ist es umgeben von Gebirge: Im Süden der Appenin, im Westen die Seealpen, als schmaler Durchschlupf das Aostatal und im Norden der Alpenhauptkamm zwischen Monte Rosa und Gotthard.

Das tatsächliche »Land am Fuß der Berge«, die westliche Ebene des Po um Mailand und Turin, ist längst aus seinem Schattendasein erwacht. Es hat mit einem rasanten industriellen Aufschwung Italien zur viertstärksten Industrienation der Welt befördert, mit vor- und nachteiligen Konsequenzen.

Fährt man in einem der Hochhäuser in Turin oder Mailand ganz nach oben und hat das Glück, daß ein frischer Alpenwind den Smog beiseite schiebt, dann sieht man sie strahlend weiß über den vor Hitze flimmernden Dunst der Ebene emporragen: Monte Viso, Gran Paradiso, Monte Rosa. Der Berg ruft.

Kaum eine Autostunde später ist man auch schon dort. Anders als in den Nordalpen ist hier der Übergang krasser, ohne niedri-

Im Piemont gibt es noch ursprüngliche Landschaften zu entdecken, so z. B. im Val Grande.

gere Vorgebirge geht es aus zweihundert Metern Meereshöhe steil in die Gletscherregionen hinauf.

An jener Stelle, wo die Alpenkette am schmalsten und die Berge am höchsten sind, zwischen Monte Rosa und Gotthard, ist das Gelände am steilsten. Die spezielle geologische Entwicklung formte hier ein alpinistisches Paradies.

Eine vergleichsweise geringe eiszeitliche Vergletscherung hinterließ schmale und enge Täler. Sehr hartes Gestein wie kristalliner Schiefer, Gneis und Granit verwittert kaum. Große, plötzliche Niederschläge verursachen enorme Wassermengen. Die Täler werden bis auf den von unten anstehenden Fels ausgeschliffen, ihre Ränder aus massivem Grundgestein halten dem Druck stand und stürzen nicht nach. Im Lauf der Jahrtausende entstehen Schluchten und Flußlandschaften, die im Alpenraum einzigartig sind und nirgends sonst in solcher Vielzahl und Vielseitigkeit so dicht beisammenliegen wie hier.

Selbst die niedrigen Berge wirken wuchtig und unnahbar. Dieser eher furchterregende Eindruck wird dadurch gemildert, daß der Boden sehr fruchtbar ist. Die üppige subtropische Vegetation zieht sich weit empor. Wo immer es möglich war, wurden früher in mühevoller Handarbeit Terrassen errichtet, Almhütten aufgebaut und Wege angelegt. Dabei griff man fast ausschließlich zu dem Baumaterial, das in der Natur ohnehin im Überfluß vorhanden ist: Steinplatten.

Im Schweizer Tessin ist die herbe Schönheit, die von den kleinen, aber feinen alten Bauwerken ausgeht, längst entdeckt und touristisch vermarktet. Jenseits der Grenze, in Italien, sind sie verlassen, vergessen und verfallen. Dafür bleibt ihre Ursprünglichkeit bewahrt und zudem der Reiz des Verborgenen.

Bedingt durch die Steilheit des Geländes waren die Flächen, die man bewirtschaften konnte, von jeher klein und schwer zugänglich. Ein Erbrecht, das jedem Kind seinen Teil an Haus und Land zuerkannte, trug zur Zersplitterung der Parzellen bei. Ihre Bewirtschaftung lohnte sich schon nach wenigen Generationen nicht mehr, viele der Bergbauern wurden vom Hunger zur Abwanderung gezwungen. Bis heute ist die Landflucht ein ungelöstes Problem.

Im hintersten italienischen Winkel kann es vorkommen, Einheimische zu treffen, mit denen man sich plötzlich unterhalten kann, da sie noch Walser-Deutsch sprechen.

Über die Fußwege, die in abgelegene Gebiete führen, darf man sich keine Illusionen machen. Aufgrund der Entvölkerung sind viele Zugangswege verwachsen und nur noch in Bruchstücken vorhanden, manche existieren überhaupt nicht mehr. Bei längeren Wanderungen muß man mit Überraschungen rechnen. Landkarte, Kompaß und Höhenmesser gehören unbedingt mit ins Gepäck.

Einmal benötigten wir für läppische drei Kilometer einen ganzen Tag. Es war ein zermürbender Kampf gegen mannshohe Dornen und dichtes, urwaldähnliches Gebüsch in steilstem Gelände! Von dem auf unserer Wanderkarte eingezeichneten Weg war nichts mehr zu sehen. Plötzlich standen wir in einem überwucherten Ruinendorf, entdeckten Steinhaufen, die einstmals Häuser waren. Dies sind Momente, in denen man zu diesem Land einen persönlichen, intimen Bezug bekommt.

Schwierigkeiten mit den Schwierigkeiten

Bis jetzt gibt es noch kein einheitliches System zur Bewertung unserer Wildbäche. Zwar existiert eine vom Deutschen Kanu Verband herausgegebene Tabelle, in der Flüsse in Schwierigkeits-

grade zwischen Wildwasser eins, kurz WW 1 (ganz leicht) und WW 6 (nur unter besten Voraussetzungen fahrbar) eingeteilt werden. Doch viele der Stellen, die früher unter besten Voraussetzungen nicht fahrbar waren, gelten heute als einfach. Gleichzeitig können sich die Etablierten unseres Sports nicht dazu aufraffen, die Skala nach oben zu öffnen. In den letzten Jahren trat deshalb eine starke Verschiebung auf, ältere Angaben werden oft nicht korrigiert.

Zur genaueren Differenzierung reicht die herkömmliche 6.

Ein Vergleich der Schwierigkeitsangaben von Wasserwucht und Verblokkung ist nicht sinnvoll. Im Piemont finden wir, zumindest im Frühsommer, beides dicht beisammen. Hier die Strona, nahe der Ponte Romano.

Explodierende Wassermassen auf der Sesia unterhalb der Sermenza-Mündung.

Klasse, in die sowohl die Teufelsschlucht des Herault als auch die Ötzfälle eingestuft werden, nicht mehr aus. Unbefriedigend ist es auch, eine Klasse 6s einzuführen, denn dann müßte man, um den allgemein gültigen Bewertungsmaßstab nicht zu sehr zu verzerren, eine Klasse 6ss und 6sss verwenden. Deshalb halten wir uns in diesem Buch an die für Korsika übliche Bewertung. Lediglich die Klasse 6s bezeichnen wir mit 7, ein 8. Grad ist die logische Fortsetzung, die Skala bleibt nach oben offen. Hier einige Anhaltspunkte:

WW 1:	Ardeche; Hinterrhein
WW 2:	Vorderrhein, Flimser Schlucht; obere Isar
WW 3:	Inn, Imster Schlucht Pg.250; untere Ötz Pg.140; Loisach
WW 4:	Koppentraun Pg125; obere Ötz Pg120 Tumpen; Herault Teufelsschlucht
WW 5:	oberer Tarn ohne die sechs schwersten Stellen,; mittlere Ötz Pg120 Tumpen; Brandenberger Ache ohne Strahl
WW 6:	Strahl der Brandenberger Ache; Schwarzbach bei 8 cbm/s ohne Dreierkombination
WW 7 = 6s:	Rißbachklamm Pg 40; Trompete auf oberen Tarn, Wellerbrückenstrecke Ötz bei 7cbm/s, Tusculum in Sankt Blasien
WW 8:	Peschelstufe mittlerer Rizzanese; Ötzfälle bei Niederwasser; Isel-Katarakt Pg 2,80 m Lienz

Problematisch ist ein Vergleich von Wucht- und Verblockungsbächen. Je nach persönlicher Übung fühlt man sich entweder in stark verblockten Steilrinnen oder tanzend auf explodierenden Wasserbergen wohler. Im Piemont finden wir überwiegend Wildbäche, deren Gefälle ungewöhnlich stark ist und die deshalb schon mit geringfügig überhöhtem Wasserstand sehr viel schwerer als angegeben sind.

Die Bewertungen beziehen sich nur auf den Idealwasserstand. Mit Idealwasserstand ist der speziell für die erstmalige Befahrung ideale und in der Übersicht angegebene Pegel definiert. Bei genauer Streckenkenntnis kann man auch mit mehr Wasser eine Befahrung wagen und sich sportlich austoben. Aber für jene, die den Fluß kennen, ist unsere Bewertung ohnehin unwichtig.

Mißverständnisse gibt es immer wieder bei der Einordnung einzelner Stellen. Wir umtragen ungern allzu oft auf einem Bach, in den Klammern hinter dem Schwierigkeitsgrad steht nur die Bewertung der herausragend schweren Stellen. Da es sich stets nur um wenige handelt, geben wir sie der Eindeutigkeit halber alle einzeln und in der richtigen Reihenfolge an. Viele von diesen Stellen sind im Text erwähnt. Zwangspassagen werden nie als Stelle gewertet, da man sie, wie der Name schon sagt, passieren muß.

WW 5+(6-,7,6) heißt also eine Stelle WW 6-, eine WW 7, und noch eine WW6, der Rest geht nicht über WW 5+ hinaus.

»Unfahrbar«

In diesem Wort steckt Ignoranz und Herausforderung gleichermaßen. So manche furchterregende Passage wird bei Niedrigstwasser leicht und ungefährlich... Gibt es überhaupt völlig unfahrbare Stellen? Der Rheinfall von Schaffhausen ist bereits vor zehn Jahren erfolgreich mit dem Kajak bezwungen worden.

Jenseits des 7. Grades werden eigene Erfahrungen rar. Es ist gut möglich, daß einige der Stellen, die wir als unfahrbar betrachten, in naher Zukunft von wagemutigen Kameraden befahren werden. Vielleicht wurden sie sogar schon befahren? Wir haben das Kreuzchen nur dann verwendet, wenn es sich um eine Stelle handelt, die wir nicht gefahren sind und auch nicht befahren werden, auch nicht bei optimalen Wasserständen.

Die Akteure

die in den folgenden Texten des öfteren erwähnt werden

Bertram
Kaum ein Kanute hat die Lagerfeuer-Stories der Paddelszene so belebt wie er. Lange bevor wir Bertram kennenlernten, hörten wir von ihm und seinen seltsamen Einzelbefahrungen. Seinem Tatendrang, seiner Neugierde und seinem Optimismus verdanken wir herrliche Erlebnisse. Trotz Biologiestudium findet er immer wieder Zeit für die verschiedensten Alpinsportarten. Er begeisterte sich als Erster für das Gleitschirmfliegen. Leider sieht man deshalb nur noch selten seine zerfetzte Taifunspitze durch das Wildwasser dümpeln.

Marc
Obwohl Marc der jüngste von uns ist, ist er oft der Vernünftigste und absolut zuverlässig. Wenn er sichert, wagt man mehr! Vom Jugendstar gereift, ist er ein umsichtiger und technisch perfekter Topolinofahrer geworden. Wenn er sich etwas in den Kopf gesetzt hat, dann macht er es auch: Derzeit eine Goldschmiedelehre in Berlin.

Oliver
Ordnet man einer Ratte Eigenschaften wie Ausgeglichenheit und Lebensfreude zu, so trägt er seinen Spitznamen zu Recht: »Die lachende (Wasser-) Ratte«. Auch seine Begeisterung gilt in jüngerer Zeit immer mehr dem Gleitschirmfliegen.

Klemens
Klemens ist Drachenflieger und souveräner Allroundpaddler. Seine Kraftreserven frischt er auf, indem er mit dem Faltboot die Donau von ihrer Quelle bis ins Schwarze Meer befährt. Neuer-

dings tummelt er sich lieber in außereuropäischen Kehrwassern. So trifft man ihn mit dem Kajak in Chile oder Mexiko.

Gert

Er wird von manchen als ein fanatischer und manchmal zu draufgängerischer Wildbachfahrer angesehen. Noch lieber als »gerne schwer« paddelt er »gerne viel«. Er erhielt Bezeichnungen wie »Bachprofessor« oder »Spille Wahnsinn«. Darum: Nehmt euch vor diesem Buch in acht !

Und viele andere!

Einen schweren Wildbach zu befahren ist nicht etwa eine Einzelleistung, sondern vorrangig von dem Zusammenhalt und der Kameradschaft der Gruppe abhängig. Wenn in diesem Buch die Rede von »wir« ist, so sind das: Immer Gert, meistens Klemens, und oft noch ein paar Freunde. Es ist die gesammelte Erfahrung mehrerer dutzend Urlaube in wechselnder Zusammensetzung. Unser Dank gilt all jenen, die noch mit dabei waren und die Befahrungen gelingen ließen. Je nach momentaner Stimmung ist mal der eine, mal der andere besser in Form und macht seine Meisterstückchen. Die Freunde helfen dabei mit Rat und Tat. Viel bedeuten Landschafts- und Natureindrücke, noch mehr jedoch die Harmonie und das Erlebnis der Gruppe. Gerade hier haben wir unsere schönsten Erlebnisse.

Tourenbeschreibungen

In Italien ist es üblich, Gebiete nach Tälern zu gliedern. Alle wichtigen Informationen eines Tales haben wir in den Übersichten zusammengefaßt. Für Ausflüge auf Gipfel oder in Ortschaften, die am Rand liegen, empfiehlt es sich, auch unter den benachbarten Gebietsübersichten nachzusehen.

Als Kartenmaterial verwenden wir den Maßstab 1:50.000. Topografisch am genauesten sind die Karten vom Schweizer Bundesamt für Landestopografie aus Bern, kurz SBL. Sie decken einen Großteil ab, sind aber leider nicht mehr auf dem neuesten Stand. Die Karten vom Instituto Geografico Nazionale aus Turin, die IGN- Karten, sind aktueller. Manche der eingezeichneten Fahrwege gibt es (noch?) nicht. Am preisgünstigsten und für Touristen am interessantesten sind die Karten vom KompassVerlag. Punkte von touristischer Bedeutung, Campingplätze und einige Skitouren sind eingezeichnet. Auf der Rückseite oder separat findet man eine Aufstellung vieler Sehenswürdigkeiten und lohnende Wandervorschläge.

Für eine kurzfristige Ferienplanung hift uns der Schweizer Wetterdienst. Unter der Nummer 0041/1162 erfährt man von einem automatischen Anrufbeantworter das aktuelle Wetter sowie die Prognose der nächsten Woche für die gesamte Schweiz. Die Vorhersage für das Tessin gilt meist ebenso für das angrenzende nördliche Piemont.

Sehr freundlich und reichhaltig informieren in Italien die örtlichen Fremdenverkehrsämter, die Azienda di Promozione Turistica, kurz APT. Ihnen untergeordnet sind die Ufficio di Informazione e Assistenza Turistica, IAT. Informationen erhält man auch bei den Azienda Autonoma Soggiorno e Turismo, AAST. In mehreren kleinen Orten existiert ein »Pro Loco«. Oft liegen touristi-

Und jetzt gehts los!

sche Hinweise im Municipio, dem Bürgermeisteramt, aus. Der Touring Club d'Italia, TCI, versorgt den Autofahrer mit Karten und touristischen Hinweisen. Spezielle alpinistische Kontakte und Literatur erhält man beim CAI, dem Italienischen Alpenverein.

Wir sollten so fair sein, und die Bevölkerung in den hochgelegenen Bergdörfchen unterstützen. Dies beginnt damit, daß wir bei ihnen einkehren, einkaufen oder tanken. Da ist es zwar manchmal etwas teurer als in den großen Zentren, doch dafür hilft man mit, die Landflucht zu verhindern. Oft ergibt sich ein nettes Gepräch, und so wird man mit der Zeit nicht nur die Landschaft zu schätzen wissen, sondern auch die Leute, die dort wohnen. Und last not least nützt das auch uns:

Ein Dorf, in dem das Sozialgefüge noch intakt ist und die Hütten

sche Hinweise im Municipio, dem Bürgermeisteramt, aus. Der Touring Club d'Italia, TCI, versorgt den Autofahrer mit Karten und touristischen Hinweisen. Spezielle alpinistische Kontakte und Literatur erhält man beim CAI, dem Italienischen Alpenverein.

Wir sollten so fair sein und die Bevölkerung in den hochgelegenen Bergdörfchen unterstützen. Dies beginnt damit, daß wir bei ihnen einkehren, einkaufen oder tanken. Da ist es zwar manchmal etwas teurer als in den großen Zentren, doch dafür hilft man mit, die Landflucht zu verhindern. Oft ergibt sich ein nettes Gepräch, und so wird man mit der Zeit nicht nur die Landschaft zu schätzen wissen, sondern auch die Leute, die dort wohnen. Und last not least nützt das auch uns:

Ein Dorf, in dem das Sozialgefüge noch intakt ist und die Hütten noch bewohnt werden, läßt sich nicht widerstandslos unter Wasser setzen und mit finanziell attraktiven Arbeitsplatzangeboten der Kraftwerksgesellschaften ködern.

Die angegebenen Telefonnummern gelten aus den jeweiligen Ländern. Die erste Null der Ortsvorwahl muß man bei allen internationalen Anrufen weglassen.

Vorwahlen:	von/nach	D	CH	I
	D		0041	0039
	CH	0049		0039
	I	0049	0041	

Valle Cannobina

Cannobino

Nicht einmal zweihundert Meter über dem Meer liegt der Lago Maggiore. Läßt man auf dem Weg nach Süden die Schweiz hinter sich, gelangt man schon fünf Kilometer jenseits der Grenze zu der reizenden italienischen Kleinstadt Cannobio.

Zwanzig Kilometer entfernt und eintausendzweihundert Meter höher entspringt am Fuß der Cima di Laurasca ein kleines Bächlein. Es ist einsam und still hier oben, nichts erinnert an den Rummel an seiner Mündung, nicht einmal sein Name. »Il Fiume« nennen ihn die Einwohner von Finero, was schlicht heißt: »der Fluß«.

«Il Fiume« strömt breit, schön und durchaus fahrbar an Finero vorbei, biegt nach Südwesten um, und verschwindet in einer atemberaubend tiefen Schlucht. Eingezwängt zwischen braunen, zerklüfteten Felswänden beschreibt er eine zwei Kilometer lange Linkskurve. Die neue Teerstraße kürzt durch einen Tunnel ab. Man erhascht nur ab und zu einen kurzen Blick, die Passagen, die man von dort oben sieht, scheinen kriminell. Den Weg zur Ponte Teia zwischen Cursolo und Gurro haben wir nicht gefunden, statt dessen folgten wir einem immer steiler und kleiner werdenden Pfad hinab, die letzten Höhenmeter mußten wir kletternd zurücklegen. Der Fluß geht dort unten furchtbar zur Sache, nur mit kompletter Kletterausrüstung könnte man seinen Lauf verfolgen. Manche Abfälle sind selbst damit nicht einzusehen, ein eventueller Fahrtabbruch hat schlechte Chancen.

Erst an der Straßenbrücke nach Gurro, wo der Rio Orasso von links mündet, kann man ausbooten. Einmal trafen wir dort Paddler, die sich in die obere Schlucht hineingewagt hatten. Sie erzählten von einem zehn Meter hohen Zwangswasserfall, in

Bei kräftigem Wasserdurchlauf ist nur der mittlere Cannobino fahrbar. Unmittelbar nach dieser Stelle darf der Ausstieg nicht verpaßt werden.

dessen von senkrechten Felswänden umrahmten Tumpf sie eine halbe Stunde schwimmend herumgekreist sind, bevor sie einen Halt fanden. Bis jetzt haben sie noch keine uns bekannten Nachahmer gefunden.

Von der Straßenbrücke nach Gurro ab heißt der Fluß Cannobino. Die Strecke von hier bis zur Ponte Falmenta muß man als Tagesetappe ansetzen. Es sind zwar nur drei Kilometer, doch viele extreme Umkletterstellen müssen überwunden werden. Sie geben uns einen Vorgeschmack auf die obere Schlucht, nur daß hier die Straße in unmittelbarer Nähe verläuft. Empfehlen können wir auch diese Etappe nicht, einmalig schön und absolut lohnend ist nur die »Schneckennudel«, ein enger, gewinkelter Felskanal fünfzig Meter vor der Straßenbrücke bei Ponte Falmenta.

Der Cannobino bietet eine lange, rassige Klamm. Etliche Stellen können nicht besichtigt oder abgesichert werden.

Der Ortsname Ponte Falmenta bezieht sich auf die ehemalige Steinbrücke wenige hundert Meter flußabwärts. Nachdem sie von einem Hochwasser weggerissen wurde, hat man sie durch einen Eisensteg ersetzt. Direkt vor diesem Steg befindet sich zwischen senkrechten Felswänden ein Doppelwasserfall. Er ist nach der Schneckennudel das nächste Kriterium. Am besten besichtigt man ihn schon vor dem Fahrtantritt.

Ist der Durchlauf zünftig und für den Fall zuviel, lohnt sich die Etappe von hier aus abwärts. Sie ist, mit Ausnahme des Kiesbettes ganz unten, mit Abstand am leichtesten und als einzige auch noch bei hohen Wasserständen fahrbar. Es warten viele Stufen und Katarakte auf den ambitionierten Kanuten, das Wasser stürzt über das Grundgestein hinab, er bekommt seine volle Wucht zu spüren. Alle Stellen kann man trotz des Klammcharakters zumindest auf einer Seite abklettern, um sie anzusehen und abzusichern. Die Felswände an beiden Seiten sind überwuchert von dichtem Wald, die Bäume hängen weit über den Fluß: es ist eine fantastische Etappe in traumhaft schöner Urlandschaft. Der letzte Abfall vor der nächsten Straßenbrücke setzt dann für uns den deftigen Schlußakzent. Liegt der große, flache und helle Stein flußab der Brücke unter Wasser, beenden wir hier die Fahrt.

Die untere, vier Kilometer lange und sehr enge Klamm ist inzwischen zu einer Standardstrecke geworden. Gerade eineinviertel Stunden brauchten wir bei unserer ersten Befahrung bei einem recht hohen Wasserstand, nur einmal haben wir umtragen. Damals empfanden wir es gar nicht so schwer, doch wiederholte Befahrungen haben diesen eher verharmlosenden Eindruck relativiert. Ganz objektiv betrachtet wird die untere Klamm bei mehr als fünf Kubikmeter Wasserdurchlauf pro Sekunde zu einem unkalkulierbaren Risiko. Ein Entrinnen gibt es nicht, viele Zwangspassagen...

Cannobino-Neulinge sollten sich nur bei wenig Wasser in die Klamm hineinwagen. Die Schwierigkeiten steigen gegen Ende der Etappe, herausragende Zwangspassage ist eine Doppelstufe. Da rotiert man erst im mittleren Kehrwasser und verschwindet dann mit einer Kerze an der Wand entlang um die Ecke herum ins Ungewisse !

Sportliche Höhepunkte... Wenn sie nur nicht zwischen senkrechten Felswänden lägen.

Einige Kameraden vom »Halbwilden Kajakclub Norddeutschland« haben hier einen Fahrtabbruch versucht. Nach einem halben Tag Klettern, Schieben und Aufseilen erreichten sie einen orografisch links verlaufenden Fußweg zur Kirche St.Anna. Allerdings nur mit Hilfe eines Seiles, das ihnen die aufmerksame Landmannschaft herabließ.

Schaut euch diese letzten Stufen vor der kleinen Römerbrücke bei der Kirche genau an, dort kann man auch den Wasserdurchlauf am besten abschätzen. Einen herrlichen Klammeindruck erhält man, wenn man von unten aus dem großen Tumpf am Klammausgang ein Stückchen den Cannobino bis zum letzten Abfall hinaufpaddelt.

Ein ideal gelegener und sehr schöner Zeltplatz ist der »Camping Valle Romantica«, direkt neben dem Fluß. In den kleinen Schwällen vor und nach dem Campingplatz können Anfänger das

Kehrwasserfahren üben. Profis haben die attraktive Möglichkeit, nach einer geglückten Schluchtbezwingung direkt am Kochtopf auszubooten. Die drei Kilometer bis zur Mündung in den See, wo sich weitere Zeltplätze befinden, haben breiten Kiesbettcharakter. Sie sind bei genügend Wasser für weniger versierte Wildwasserfahrer zum Training sehr lohnend.

Socraggio

Unser Bestreben ist es, möglichst vollständig alle fahrbaren Wildbäche des nördlichen Piemont zu beschreiben. Beim genaueren Kartenstudium fällt auf, daß der Cannobino einige Seitenzuflüsse hat, die groß genug für einen eventuellen Befahrungsversuch

Der Socraggio ist die steilste Rinne des Piemont, die sich mit dem Kajak lohnt... und wie!

sind. Aber haben sie nicht zu viel Gefälle? Fließen sie nicht durch zu enge Klammen mit unfahrbaren Stellen, die nicht umtragen werden können? Ich treffe Klemens, der mir von einer eventuell fahrbaren Steilrinne erzählt...

Wir müssen uns Klarheit verschaffen und fahren mit dem Auto das Valle Cannobina hinauf. Noch vor der Einbootbrücke zur unteren Cannobinoklamm zweigt links ein kleines Sträßchen ab. Nach wenigen Metern hört der Teerbelag auf, über Schotter geht es zwei steile Serpentinen hinauf, und schon erreichen wir die Wendeplatte am Dorfrand von Socraggio.

Wir lassen das Auto stehen, laden die Boote ab und ziehen uns um. Irgendwie wirken wir deplaziert, mit Spritzdecke, Helm und Paddel in der Hand. Die Einwohner schauen uns verwundert nach, als wir unsere Kajaks durch die engen Gassen tragen. Hier oben, in ihrem Natursteindörfchen am sonnigen Berghang haben sie noch nie Paddler gesehen.

Der gepflasterte Weg ist kurz, keine Viertelstunde später sind wir an der Brücke über den Rio Socraggio. Gleich am Einsatz wartet die erste Rutsche. Röhrenförmig, gut vier Meter fällt das Wasser in einen schmalen Tumpf: Das macht Spaß. Weiter geht es mit zwei kleineren Hupfern. Plötzlich ist vor uns eine Abbruchkante!

»Hoppla, wo ist denn da das Unterwasser?« Wir steigen aus dem Boot. »Ja gibts denn sowas?!«

Zuerst eine fünfzehn Meter hohe Rutsche, fahrbar. Aus dem Tumpf heraus ein Fünf-Meter-Fall, fahrbar. Und wieder direkt aus dem Tumpf ein Vier-Meter-Fall, fahrbar. Zitternd steige ich ins Boot und fahre hinunter. Höhenrausch ergreift uns. Fluggefühle...

Es folgen noch viele kleinere Stufen, nur bei einer ist das Unterwasser durch Geröll zugeschüttet, und wir müssen umheben. Kurz vor der Mündung fällt der Socraggio noch einmal drei Meter in eine enge Klamm. Diese Stelle setzt das obere Wasserstandslimit fest und sollte vor einer Befahrung angesehen werden. Man muß dazu von Nivetta aus auf einer kleinen Brücke über den Cannobino zur Mündung des Socraggio laufen.

◀
Bei St. Anna öffnet sich die Klamm, der Cannobino tritt in sein Schwemmdelta hinaus.

Wir fahren auf dem Cannobino noch einen halben Kilometer weiter und steigen an der Straßenbrücke, dem Einsatz zur unteren Cannobinoklamm, aus.

Über die Straße erreicht man in einem zwanzigminütigen Fußmarsch das Auto. Dabei hat man Zeit, sich gegenseitig von der großen Rutsche vorzuschwärmen.

Falmenta

Drei bequeme Zugänge gibt es zum Rio Falmenta. Der oberste ist sogar mit dem Auto erreichbar. Man fährt in der letzten Rechtskurve vor dem Ort Falmenta geradeaus, das kleine Sträßchen verliert etwas an Höhe und geht in einen Schotterweg über. An der Ponte di Barra kann man einsteigen. Oberhalb der Brücke kommt der Falmenta in wunderschönen Kaskaden heruntergestürzt, unterhalb verschwindet er über lange Rutschen in einer verlockenden Klamm.

Vom Ort Falmenta führt ein Pfad in vielen, mit Steinplatten ausgelegten Stufen zweihundert Höhenmeter hinab zum Fluß und drüben wieder hinauf nach Crealla. Der Eindruck, den man dort unten vom Falmenta bekommt, läßt eine Befahrung wenig sinnvoll erscheinen. Oberhalb der Brücke befindet sich eine längere Felssturzzone, von den vielen Wasserfällen zwischen großen Steinen sieht nur einer fahrbar aus. Unterhalb der Brücke verschwindet der Falmenta abermals in einer hübschen Klamm. Man könnte auch hier, allerdings etwas beschwerlich, einbooten. Einen guten Kilometer hätte man noch vor sich, doch die Klamm wird immer enger und tiefer, so daß wir von oben aus nichts einsehen können. Dann mündet von rechts ein Seitenbach, und gleich darauf fließt der Falmenta in den Cannobino. Von Ponte Falmenta aus gelangt man leicht zu den drei Bächen mit ihren hübschen Brücken.

Auf jeden Fall müßte man die Klammen vor einer Befahrung durchklettern, wir haben uns bisher noch nicht die Zeit dazu genommen.

▶ **Traumhafter Falmenta: Herrliche Wildwasserpassagen und – leider – völlig unfahrbare Felsturzzonen.**

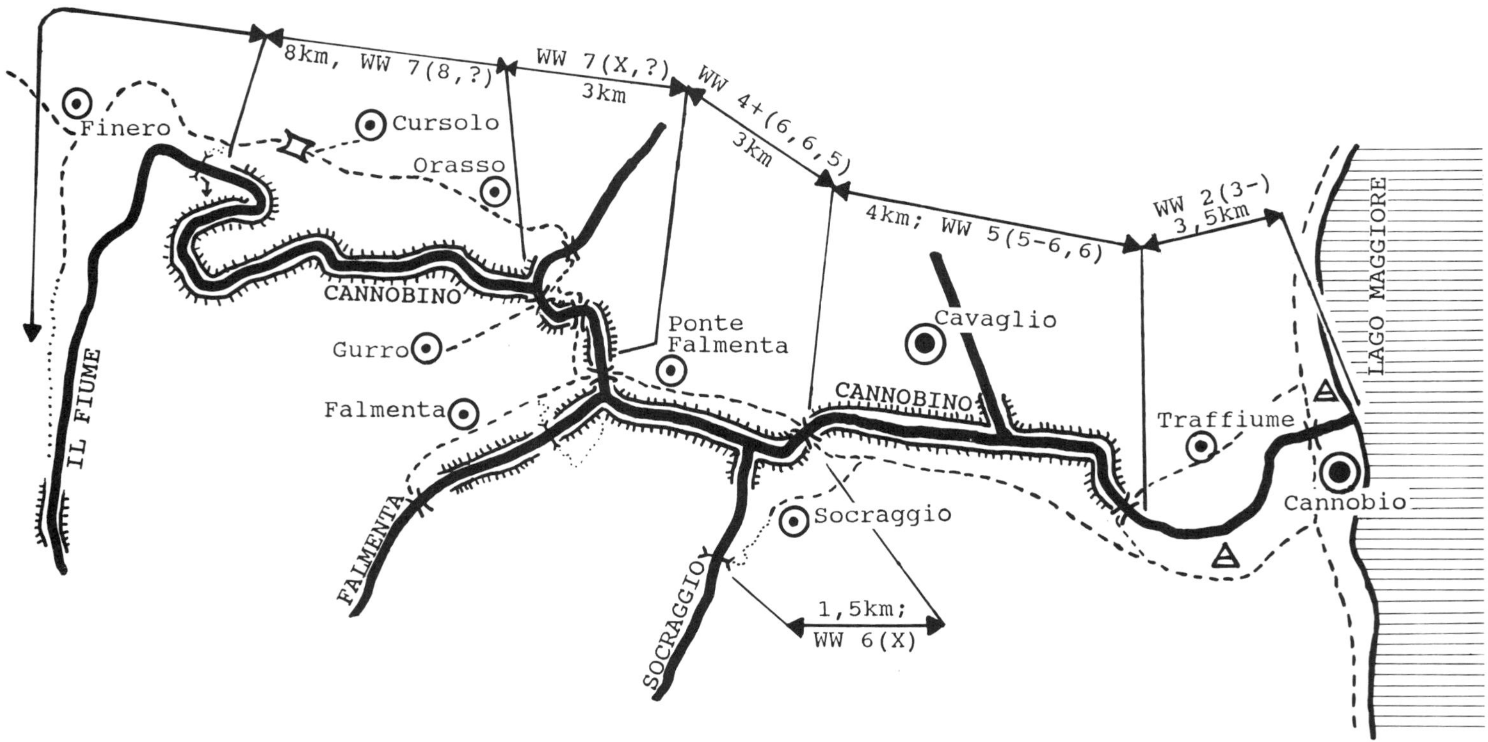
8km, WW 7(8,?)
WW 7(X,?)
3km
WW 4+(6,6,5)
3km
4km; WW 5(5-6,6)
WW 2(3-)
3,5km
Finero
Cursolo
Orasso
CANNOBINO
Gurro
Falmenta
Ponte
Falmenta
Cavaglio
CANNOBINO
Traffiume
Cannobio
LAGO MAGGIORE
Socraggio
1,5km;
WW 6(X)
IL FIUME
FALMENTA
SOCRAGGIO

Überblick Valle Cannobina

WILDWASSER

Cannobino

Oberlauf, nur erkundet

Um Finero auf 2 km fahrbar, offen, verträgt viel Wasser.
Vom Steg oberhalb des Straßentunnels bis Ponte di Gurro 8 km abenteuerliches Wildwasser. Die schwierigsten, engsten Stellen dürften auf der zweiten Hälfte ab der Ponte Teia liegen.
Von Ponte di Gurro bis Ponte Falmenta auf 3 km sehr schwer mit Umkletterstellen.

1. Etappe

Einsatz: Ponte Falmenta, je nach Wasserstand an der Eisenbrücke oder an der Schneckennudel 50 m oberhalb der Straßenbrücke.
Aussatz: Nächste Straßenbrücke bei Nivetta, links.
Fahrstrecke: 3 km, 2 Stunden.
Charakter: Kastenförmiges Tal, offenes Flußbett mit senkrechten Felswänden.
Schwierigkeiten: Etwas leichter als Tiefenbachklamm der Brandenberger Ache. Wasserwucht. WW4 +, die Schneckennudel und der Doppelwasserfall bei Ponte Falmenta WW6, die letzte Stufe vor dem Aussatz WW5.
Besondere Gefahren: Aussatz vor dem Doppelfall schwierig.
Befahrungszeit: Am schönsten bei viel Wasser, um 10 cbm/sec sind ideal. Ostern bis Pfingsten.
Auto: Straße immer parallel oberhalb senkrechter, nicht überwindbarer Felswände.

2. Etappe

Einsatz: Nivetta.
Aussatz: Kirche Sankt Anna, links hinauf oder Weiterfahrt.
Fahrstrecke: 4 km, 3 Stunden.
Charakter: Klammstrecke mit Zwangspassagen.
Schwierigkeiten: Schwerer als Kaiserklamm der Brandenberger Ache da noch enger und steiler, WW5. Am Ende zwei gefährliche, umtragbare Stellen.

Besondere Gefahren: Zu hoher Wasserstand, Bäume, neue Felsrutsche möglich. Verändert sich jedes Jahr.
Befahrungszeit: Fast ganzjährig.
Boote: Nur bei wenig Wasser mit dem Kurzboot.
Auto: Straße unerreichbar.

3. Etappe
Von Sankt Anna bis in den Lago 3,5 km. Erst noch kurz bis WW3, ab Camping Valle Romantico WW2. Offenes Kiesbett.

Socraggio
Einsatz: Brücke des Wanderweges kurz hinter Socraggio.
Aussatz: An der Straßenbrücke über den Cannobino.
Fahrstrecke: 1,5 km, 3 Stunden.
Charakter: Schlucht mit gewaltigem, stufenförmigen Gefälle. Vor der Mündung Klamm mit Zwangspassagen.
Schwierigkeiten: Ungewohnt hohe Rutschen, höher als die des oberen Argen (Eistobel), WW6.
Besondere Gefahren: Zwangspassage vorher von Nivella aus besichtigen.
Befahrungszeit: Wenn der Cannobino sehr viel Wasser führt.
Auto: Umsetzen zu Fuß am einfachsten.

SCHLUCHTENKLETTERN

Cannobino oberhalb Ponte di Gurro.
Falmenta ab Ponte Falmenta.
Rio di Cavaglio.
Rio di Calagno von Gurro aus.

SEHENSWERTES

Brissago:

Die von uralten Zypressen umgebene Dorfkirche Pietro e Paolo, 16.Jh. Sacro Monte Addolorato. Tabakfabrik aus dem vorigen Jahrhundert. Isole di Brissago. Auf der großen Insel San Pacrizio befindet sich der botanische Garten des Kanton Tessin. Ein verfallenes Oratorium aus dem 12.Jh. steht auf Sant Apollinare, der kleinen Insel.

Cannobio:
Sonntagsmarkt. Römischer Turm des Rathauses. Regionalpalast aus dem 12.Jh. Mehrere Denkmäler. Traditionelle Holz- und Schmuckwarenherstellung.

Cavaglio:
Brücke der »Via Borromaeo«, einer antiken Straße, die das ganze Tal durchquert. Malerisches Altstadtviertel. Romanischer Kirchturm.

Falmenta:
Charakteristische schwarze Häuser und Wandmalereien.

Crealla:
Winziges, reizendes Örtchen. Erreichbar über alten Saumpfad mit vielen Naturstein-Treppen.

Orasso:
Älteste, aus dem 13.Jh. stammende Kirche des Valle Cannobina. Abendlicher Treff im Gasthaus Belvedere.

Gurro:
Historisches Zentrum. Römischer Friedhof. Stadtmuseum »Museo Civico«, in dem Gebrauchsgegenstände des täglichen bäuerlichen Lebens ausgestellt sind.

CAMPING

Valle Romantica, Telefon 0323/71249

Valle Intrasca

San Giovanni-Oberlauf

Das Einzugsgebiet des San Giovanni liegt am Monte Zeda zwischen tausend und zweitausend Meter hoch. Ausgedehnte, grasbewachsene Südhänge begünstigen Thermik und frühzeitige Schneeschmelze. Gerade an Ostern, wenn die höher gelegenen Flüsse kaum Wasser führen, findet man hier einen derart kräftigen Durchlauf, daß die vielbefahrene Standardstrecke zu einem Horrortrip werden kann. Dann will man wissen, wie es oberhalb der herrlichen vier Wasserfälle an der Einbootbrücke aussieht. Geht das etwa so weiter?

Ein Angler nickt. »Si, si. Molto cascadi. Bruto.« Aha, also erkundenswert. Wir suchen den optimalen Einsatz. Im Bergdörfchen Scareno endet die Straße. Ein breiter, bequemer Fußweg führt flach in das Tal hinein, eine gute halbe Stunde ziehen wir die Boote zur kleinen Alm Leigio. Direkt am Weg steht ein Bildstock, dort zweigt links ein Anglerpfad ab. Steil führt er uns an den Zusammenfluß des Rio del Belmi mit dem Rio Gula. Hier, am Ursprung des San Giovanni, booten wir ein.

Der erste Fall zieht um eine Steilkurve in einen engen Tumpf, das Umtragen ist leicht. Gleich darauf folgt eine längere Felsengasse, bei deren Befahrung Begeisterung aufkommt. Herrlichstes Wildwasser in einer abgeschiedenen Felsschlucht, hier ist man wirklich allein.

Es folgen viele bis acht Meter hohe Wasserfälle und Stufen, fast alles ist fahrbar. Einen über zehn Meter hohen Fall, aus dem es auf halber Höhe seltsam wieder heraufpulst, umgeht man am

►

Die schönste Etappe liegt oberhalb des üblichen Einstieges. Bei unserer Erstfahrt, nur zu zweit, sind wir begeistert.

Na Klemens, ob die Stütze dir noch was nützt?

einfachsten links mit Klippenstart von einem kleinen Felsbalkon. Der letzte, der hinabhüpft, sollte kein Langschiff dabeihaben, da er sonst mit dem Einsteigen Probleme haben könnte. Der Felsbalkon ist nur sehr klein, und schließlich fällt man nur ungern mit offener Spritzdecke und halb im Kajak sitzend neun Meter hinab.

Weiter geht es um die nächste Kurve, und dann verschwindet der San Giovanni über eine Stufe mit unmittelbar darauffolgendem Vier-Meter-Fall in einer engen Klamm!!!

Über eine Stunde sind wir in den steilen Hängen durch Dornen und Gebüsch gekrabbelt, um etwas einzusehen. Die Mühe war umsonst und diente nur der Beruhigung unserer angekratzten Nerven. Vom Flußverlauf sieht man fast nichts! Immerhin, bei der Befahrung bleibt Klemens in der ersten Stufe das Paddel hängen. Beim Nachfassen kippt er um und kommt nur mit einer Blitzrolle auf der Abbruchkante wieder hoch. Zum Glück aufrecht fällt er dann erst einmal die vier Meter hinab ins Ungewisse...

Panikartig sprinte ich ihm in meinem Kajak hinterher. Als ich ihn schließlich wiedersehe, sitzt er lachend in einem ruhigen Kehrwasser – im Boot! Da haben wir noch einmal Glück gehabt.

Nach dem Zwangswasserfall folgt eine längere Klammstrecke mit einigen kleinen Stufen. Erst beim Anblick der Straßenbrücke treten die senkrechten Ufer auseinander. Erleichtert erblicken wir die bekannte Einsatzstelle der Standardstrecke. Die vier Wasserfälle, nach denen man rechts ausbooten kann, bereiten kein besonderes Herzklopfen mehr.

San Giovanni – Standardstrecke

Noch vor wenigen Jahren war der San Giovanni ein Geheimtip, den die Experten nur ihren Freunden verrieten, stets mit großem Respekt und funkelnden Augen. In einer jüngeren Publikation wird er als »kurz und heftig« beschrieben, und seitdem sind die freien Parkplätze an der letzten Straßenbrücke vor Scareno rar geworden.

Die Standartstrecke beginnt mit einer Serie hoher Wasserfälle, die das Herz manches San-Giovanni-Aspiranten tiefer rutschen lassen. Dabei erfordern sie eher Mut als Fahrkönnen.

Hier gibt es viel zu sehen. Den Auftakt bilden zwei unmittelbar aufeinanderfolgende Fünf-Meter-Fälle, eine eineinhalb Meter hohe Stufe und ein vier Meter hoher freier Wasserstrahl, der in einen herrlichen von steilen Felswänden umrahmten Tumpf fällt. Direkt gegenüber stürzt ein Seitenbach donnernd herab, die Szenerie ist einmalig schön. Nicht umsonst diente sie schon als Kulisse zu Dreharbeiten für einen Heimatfilm.

Die Befahrung der Wasserfallkombination bedeutet reiner, unbeschwerter Genuß. Für jene, die schon hier fahrtechnische Probleme haben, empfiehlt es sich, baldmöglichst aufzuhören. Der nächste halbe Kilometer läßt uns noch genügend Zeit, uns für die folgende Klammstrecke warm zu paddeln. Es folgt technisch außerordentlich schweres Wildwasser.

Die erste zwei Meter hohe Rutsche hat kein Unterwasser. Fährt man präzise an, geht sie dennoch glatt und ohne bemerkenswerte Grundberührung. Danach gibt es kaum noch ein Entrinnen vor der

Schlüsselstelle. Sie besteht aus einem sechs Meter hohen Wasserfall, dessen Einfahrt so verzwickt ist, daß man keinen Schwung holen kann und ganz langsam, fast in Zeitlupentempo, über die Abbruchkante kippt. Tief wird man mit dem stürzenden Wasser in den dunklen Tumpf gerissen!

Taucht man in der rechten Hälfte des Pilzes auf, wird es gefährlich. Stark zieht die Strömung unter die glatte, überhängende Felswand: ohne Sicherungsmannschaft eine fatale Situation.

Es folgt eine steile, lustige Kurve, bei der man erst mit vollem Schwung auf die linke Felswand zusticht, vom Preßwasser dann in letzter Sekunde hart nach rechts herumgeworfen wird und sich plötzlich in einem Kehrwasser wiederfindet. Bis zum Brückenfall, der schon bei der Anfahrt unterhalb einer Straßenbrücke nicht zu übersehen ist, gilt es noch einige Stufen und Katarakte mit Rückläufen zu bewältigen. Diese sind teilweise schlecht zu sichern und schwer zu umtragen, ein Fahrtabbruch zur Straße ist jedoch von überall aus möglich.

Der Brückenfall, ein genußvoller vier Meter hoher Sprung, ist der herausragende Schlußakzent. Von einem guten Dutzend Kajakfahrer, die kurz hintereinander die Stelle meisterten, tauchte jeder anders aus dem Tumpf wieder auf. Von bilderbuchmäßigen Kerzen bis zu einem Salto mit ausdauernden Rollversuchen wurde alles geboten. Während man weiter hinabtreibt, hat man Zeit, seine Erlebnisse auszutauschen. Bis zum Wehr wird der San Giovanni leichter.

Das Wehr ist meist nicht fahrbar, entnimmt es doch fast alles Wasser und läßt das Naß nur ein paar Zentimeter dick über die Krone rinnen. Dies reicht gerade aus, um die Steinplatten schön glitschig zu halten, damit man auf dem Hosenboden hinunterrutschen kann.

San Giovanni – Das Wehr

»Wehre gehören zum Wildwasser wie das Salz zur Suppe«, schreibt Josef Haas in seinem Wildwasserbuch »Schwarzwaldperlen, Band eins«. Recht hat er, nur muß man aufpassen,

Auch abgebrühte Wildwasserfahrer bekommen hier noch Herzklopfen,
dabei sind Wehre doch eigentlich kein Wildwasser, oder?

daß man sich seine Suppe nicht versalzt. Den ganz besonderen Pfiff bekommt der San Giovanni jedenfalls durch sein Wehr. Man erreicht es, indem man von dort, wo die Druckröhre auf der gegenüberliegenden Talseite von Ramello herabkommt, etwa zweieinhalb Kilometer aufwärts fährt. Hundert Meter oberhalb der Abzweigung nach Intragna führt die Straße wieder an den Talrand. Genau hier, an der Einfahrt zu dem versteckt auf einem Hügel gelegenen Haus, zweigt ein kleiner Trampelpfad ab zu dem »Wehr der Wehre«.

Ostern 1985 führte der San Giovanni für den Oberlauf zu viel Wasser. Wir waren lediglich die vier Wasserfälle am oberen Einsatz gefahren und hatten dann vor der ersten Zwangspassage, dem bei diesem Wasserstand zu brutalen Eingangswasserfall, die Fahrt abgebrochen und die Boote hinausgetragen. Nun wollen wir am Wehr wiedereinbooten, aber: oberhalb oder unterhalb davon?

Wir betrachten es eingehend. Geschätzte fünfzehn Meter Höhendifferenz, S-förmig geneigt, mit glitschigen Steinquadern geplättelt. Flacher Anlauf, steiler werdend bis fast senkrecht, dann wieder gleichmäßig flacher mit anschließender Walze. Über die Wehrkrone fließt das Wasser dreißig Zentimeter hoch, dies bedeutet einen optimalen Pegel für die folgende Klamm. Wir lassen Stöckchen schwimmen, da man unten eine vier Meter breite Lücke treffen muß, rechts und links davon sind Felsen. Ich lege einen Stein auf die Kante, um die richtige Anfahrt zu markieren. Fahrbar ist es, darin sind wir uns einig, doch keiner traut sich.

Endlich, nach fast einer Stunde hin- und herüberlegen durchschlägt Klemens den gordischen Knoten mit einem für ihn typischen Spruch. »Was fahrbar ist, wird gefahren«, sagt er, setzt sich in seinen Taifun und gibt Marc, der mit dem Fotoapparat bereit steht, Bescheid. Weit nimmt er Anlauf, alle sind gespannt. Plötzlich schreit Marc auf und vollführt einen wilden Stripteasetanz! Klemens fährt zurück, fragt, was los sei. Marc, fast gänzlich entkleidet, winkt ab. Er hatte sich nur in einen Ameisenhaufen gesetzt.

Klemens fährt erneut an, erwischt die Abbruchkante optimal und schießt abwärts. Die Walze am Fuß des Wehres schleudert ihn hoch in die Luft, das Boot wirbelt mit einer halben Drehung um

Hoffentlich habe ich nicht doch einen Nagel übersehen...

die Querachse, bevor es, mit der Spitze stromauf, wieder auf das Wasser klatscht. So braucht er nicht einmal zu wenden, um in das nächste Kehrwasser einzufahren. Sein Begeisterungs- und Erleichterungsschrei hallt von weit unten zu uns herauf. Nur: jetzt sind wir mit den Topolinos an der Reihe!

Oli in seinem Topo meistert den Fall mit noch eindrucksvollerem Freiflug. So sind wir etwas beruhigt. Doch was heißt schon Ruhe, wenn man weiß, daß es gleich fünfzehn Meter hinab geht!

Schließlich fährt der Rest, zu dem ich mich diesmal auch zähle, nach. Es ist wirklich ein Adrenalinknüller: Beim Anfahren sieht man nichts von dem, wohin man hinabsaust, unten fetzt es das Kajak durch die Walze, man fliegt mit dem ganzen Boot hoch in die Luft und surft voller Schwung ins Kehrwasser...

St. Giovanni – große Klamm

Hat man das Glück, über dem Wehr genügend Wasserdurchlauf anzutreffen, so befindet sich der Höhepunkt der dritten Etappe des San Giovanni direkt am Einsatz. Hier ist es das außergewöhnliche Wehr, das gleich am Anfang unser Adrenalin anregt.

Auch derjenige, der zuviel Respekt vor ungewohnten Flughöhen hat und sich das Wehr nicht hinuntertraut, braucht auf die folgende Klammstrecke nicht zu verzichten. Das Wehr kann links auf einem Anglerpfad umtragen werden, steil führt er in die Klamm hinab.

Außergewöhnlich ist an der folgenden Strecke die ständige Enge, nirgendwo öffnet sich die Klamm, nirgendwo kann die Straße erreicht werden. Senkrecht, zum Teil überhängend, ragen die Felswände zu beiden Seiten über uns empor, aus dieser Klamm gibt es nur einen Ausgang: auf dem San Giovanni. Zum Glück müssen wir außer dem Wehr keine besonderen Fallhöhen mehr überwinden. Statt dessen begeistern uns schöne, lange und steile Katarakte. Aufpassen muß man trotzdem, plötzlich verschwindet ein harmlos aussehender Schwall unter einer großen Steinplatte. Da heißt es schleunigst die Boote verlassen und kurz umheben, um nicht mit hinuntergerissen zu werden. Hinter jeder Kurve könnten Baumhindernisse die Weiterfahrt versperren, da muß man schnell und richtig reagieren, um die letzten kleinen Kehrwässer noch zu erwischen.

Bei viel Wasser, wenn mehr als dreißig Zentimeter über das Wehr fließen, wird eine niedrige Stufe mit starkem Rücklauf für Kurzboote und Trödler sehr gefährlich. Die Ufer sind hier auch für geübte Kletterer nicht zu begehen, ein vorheriges Absichern oder späteres Retten des Vorausfahrenden ist unmöglich. Bei unserer ersten Befahrung half mir, wie schon so oft in anderen Rückläufen, Klemens mit seiner Taifunspitze. Da weiß man, wozu ein Langschiff gut ist: es zieht die hängengebliebenen Topolinofahrer aus dem Schlamassel!

Später verschwindet ein Katarakt voller Wucht um die Ecke. Ins Blaue hineinfahren, auf gut Glück? Zwei waren dagegen, drei dafür. Wir alle aber waren uns einig, daß wir auf den vorsichtigsten Mitfahrer Rücksicht nehmen. So beschlossen wir, die Kajaks aufzuseilen. Nach zwei Stunden über Felswände, durch Matsch und Dreck erreichten wir ziemlich ausgepumpt die Straße. Wir holten das am Kraftwerk abgestellte Auto. Von hier aus sieht man, daß nach diesem Katarakt nur noch stehendes Wasser bis zur Straßenbrücke am Kraftwerk kommt. Ohne Schwierigkeiten hätten wir weiterfahren können. Schade, daß wir das in der Klamm noch nicht wußten.

Schaut euch deshalb diese letzte Stelle besser an, wenn ihr den San Giovanni fahren wollt. Sie liegt dreihundert Meter oberhalb der Abzweigung zum Kraftwerk in Ramello. Geht man zwischen ein paar Häusern hindurch, gelangt man auf einen Fußweg, der über einen Eisensteg führt. Von diesem Steg aus sieht man genau auf die Schlüsselstelle. Gleichzeitig bekommt man einen guten Eindruck vom Charakter dieser Teilstrecke.

San Giovanni – untere Klammen

Nur durch Gerüchte hatten wir von gescheiterten Befahrungsversuchen der beiden letzten Klammen des San Giovanni zwischen Ramello und Possacio erfahren. Mühsam hatten die Fahrer ihre Boote zur Straße hinaufgeseilt, in dem steilen Gelände eine nicht ungefährliche Aktion.

Absolute Zwangspassage mit Verklemmgefahr in der vorletzten Klamm.

Also müssen wir zuerst gewissenhaft erkunden. Unterhalb des Friedhofs von Cambiasca gibt es eine Wasserleitung, die mit einer Brücke über die erste Klamm führt. Sie vermittelt einen guten Eindruck und sollte vor einem Befahrungsversuch unbedingt aufgesucht werden. In etlichen, dicht aufeinanderfolgenden und bis zu drei Meter hohen Zwangspassagen stürzt das Wasser durch die enge Klamm. Nicht alles ist einzusehen, und so beginnt die Kletterei am Steilhang. Folgt man der Wasserableitung flußab, so gewinnt man keine neuen Einblicke. Doch auf der rechten Seite, nachdem wir uns durch mannshohes Gestrüpp gekämpft haben, sieht es so aus, als wäre alles mit dem Boot machbar. Alle Stellen haben ausreichendes Unterwasser und sind frei von Baumhindernissen.

Auf wenigen hundert Metern öffnet sich das Tal, dann verschwindet der San Giovanni in seiner letzten Klamm. Vom hoch oben verlaufenden Fußpfad, orografisch rechts, sehen wir uns den Flußlauf an.

Am Kraftwerk in Ramello steigen wir in die Boote. Der Start verrät nichts über die kommenden Schwierigkeiten. Das Wehr wird lässig heruntergeschruppt, danach rutschen wir über die Steine durch ein offenes, breites Kiesbett. Der Wasserstand ist minimal, die Schwierigkeiten gering, maximal Wildwasser zwei auf einem Kilometer.

Nach einer markanten Linkskurve wird es ernst. Die ersten kleinen Stufen, die Ufer rücken zusammen, wir erkennen vor uns die Brücke der Wasserableitung, daraus ergießt sich ein hoher, donnernder Fall: der Klammeingang.

Die Szenerie wirkt bedrohlich. Durch die Wasserfontänen hindurch fahre ich die erste Stufe hinab, es gibt kein Zurück mehr. Hätten wir die Stellen nicht alle besichtigt, könnte man das Grausen bekommen. Völlig blind, das Unterwasser ist nicht einzusehen, geht es den ersten Fall hinunter. Ohne Verschnaufpause, den Schwung ausnützend, muß ich mich durch zwei weitere Stufen kämpfen, dann schwinge ich in das erste Kehrwasser ein. Das Aussteigen ist auch hier unmöglich, hinter mir sehe ich nur einen Wasservorhang, mein Ruf geht im Rauschen und Tosen unter.

Siphone in der letzten Klamm zwingen uns zu erfindungsreichem Umtragen.

Plötzlich sind auch die Freunde da. Wir sind verwundert, die Abfälle waren höher, als es oben von der Wasserleitung aus den Anschein hatte.

Es folgt ein enger gerade bootsbreiter Schlitz mit Verklemmgefahr, Zwangspassage. Ich komme glatt durch. Gert bleibt einen Moment stecken und schlägt seitlich gegen den Felsen, kann sich aber befreien und muß tief stützen. Soweit das in dieser Enge überhaupt möglich ist! Ein etwas höherer Wasserstand würde diese Stelle vielleicht entschärfen.

Der Klammausgang naht. Ein Angler grüßt verblüfft zurück, als wir ihm unser erleichtertes »Buongiorno« entgegenrufen. Hier hat er noch nie Paddler herausfahren sehen.

Kaum ist Zeit, sich die bestandenen Abenteuer zu erzählen. Abermals zieht die Strömung in eine Klamm, wir wissen zum Glück, daß es die letzte ist. Sie ist offener und nicht so gewunden, weist dafür aber gleich drei unfahrbare Stellen auf:

Der erste Siphon ist links leicht umtragbar. Danach strömt das Wasser wie durch ein Sieb weiter, die einzige verbleibende Durchfahrt ist rechts, doch sie ist schmaler als ein Boot. Die Querströmung, die unter die Steine zieht, ist stark und gefährlich. Bei unserem Wasserstand läßt sie sich zum Glück noch traversieren, mit Schwung fahre ich in die zu enge Durchfahrt hinein, das Boot steckt fest. Dadurch ist das Aussteigen ganz einfach, einfach ist auch das Umheben, nur das Einsteigen nicht. So müssen wir mit Boot ins Wasser springen und auf die nächste Kiesbank schwimmen!

Die letzte Umtragstelle ist jene, die wir schon so oft von der Straßenbrücke aus betrachtet haben. Bei unserem Wasserstand kann man sie nicht fahren, da rechts zu wenig Wasser über den Schanzentisch läuft und links die Stromzunge direkt unter die Schanze zieht. Auch sie könnte bei mehr Wasser fahrbar werden.

Der erstmögliche Ausstieg gleich links nach der Straßenbrücke ist nicht empfehlenswert, vor allem nicht aus Rücksicht auf die Anwohner. Er führt mitten durch einen Hühnerstall, über ein Gemüsebeet und am Ende wartet ein abgeschlossenes Törchen!

Die Weiterfahrt bis zur Mündung in den See ist leicht und sehr schön, von den Häusern von Verbania sieht man nicht viel. Gleich nach der ersten Kurve strömt von links Zuschußwasser aus dem Kraftwerk, und so geht es in flotten Schwällen der letzten Aussatzstelle des San Giovanni entgegen. Nach vielem Auf und Ab empfängt uns mit ruhigen Wogen der Lago Maggiore. Links, genau an der Mündung, kann man bequem aussteigen.

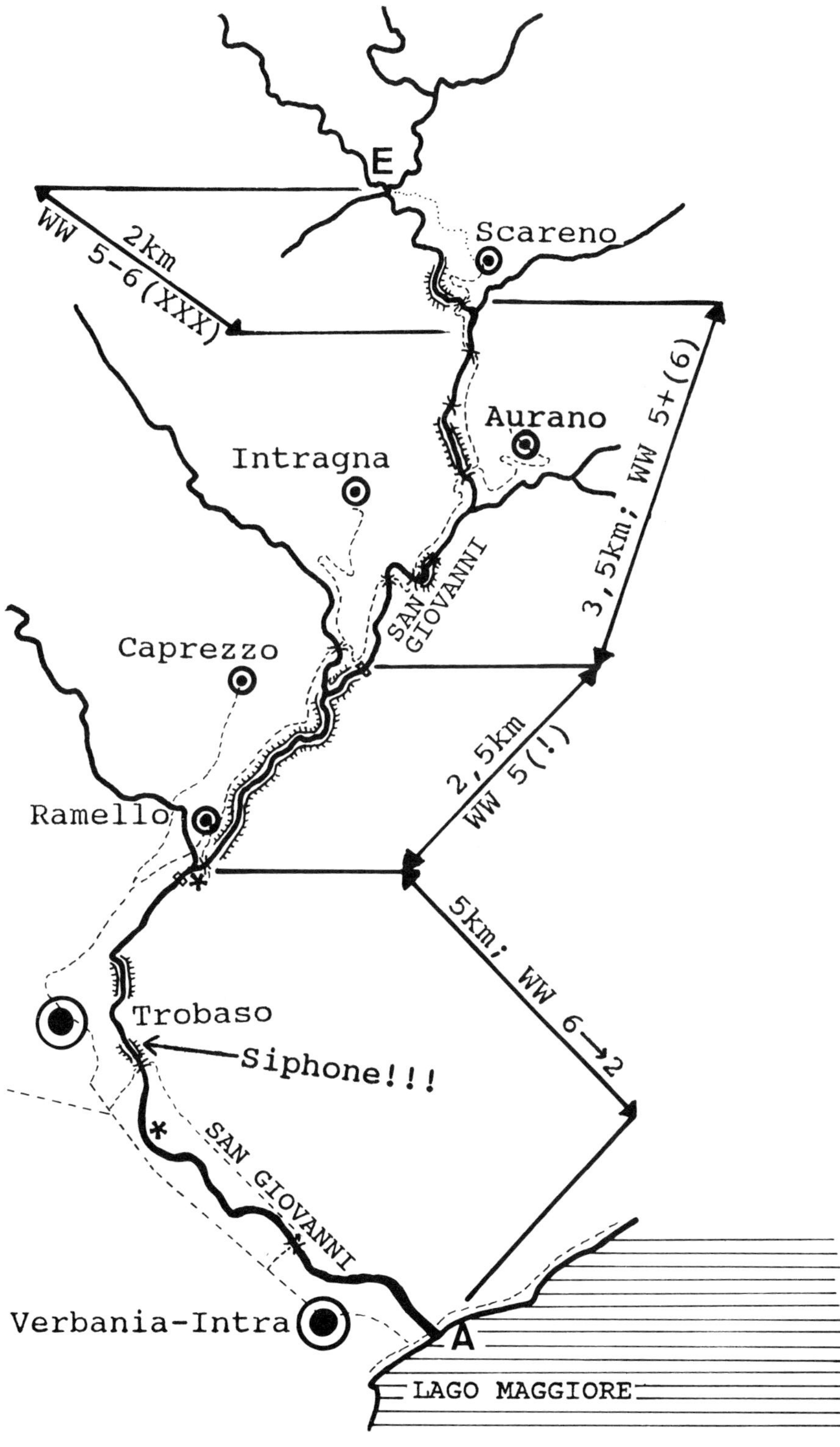
E
2km
WW 5-6(XXX)
Scareno
Aurano
3,5km; WW 5+(6)
Intragna
SAN GIOVANNI
Caprezzo
2,5km
WW 5(!)
Ramello
5km; WW 6→2
Trobaso
Siphone!!!
SAN GIOVANNI
Verbania-Intra
A
LAGO MAGGIORE

Überblick Valle Intrasca

WILDWASSER

***San Giovanni,* 1. Etappe**
Einsatz: Von Scareno auf dem breiten Wanderweg am Friedhof vorbei die Boote in einer Stunde zum Zusammenfluß der Quellbäche tragen.
Aussatz: An der Straße, nach den vier Wasserfällen.
Fahrstrecke: 2 km, mit Hochtragen 4 Stunden.
Charakter: Einsame Schlucht. Wasserfall, Tumpf, Wasserfall, Tumpf usw. Kurz vor der Straßenbrücke Klamm.
Schwierigkeiten: WW5–6(XXX)
Besondere Gefahren: Zwangspassage am Klammeingang.
Befahrungszeit: Wenn auf der Standardstrecke des San Giovanni viel Wasser ist.
Auto: Parkprobleme am Aussatz. Umsetzen zu Fuß.

2. Etappe
Einsatz: Letzte Straßenbrücke vor Scareno oberhalb der vier Wasserfälle.
Aussatz: Am Wehr.
Fahrstrecke: 3,5 km, 4 Stunden.
Charakter: Niedrigklammen mit Zwangspassagen und Wasserfällen.
Schwierigkeiten: Ähnlich dem Schwarzbach, WW5 + (6).
Besondere Gefahren: Verklemmgefährliche Katarakte. Baumhindernisse. Rückläufe in den Zwangspassagen. Unterspülung beim hohen Fall ca. 1 km nach Start.
Befahrungszeit: Ostern bis Pfingsten. Das Wehr am Aussatz sollte schwach überronnen sein.
Boote: Bei höheren Wasserständen nicht mit dem Kurzboot.
Auto: Begleitung gut möglich. In den Klammen ist ein Fahrtabbruch erschwert. Parkprobleme.

3. Etappe – *große Klamm*
Einsatz: Am hohen Wehr.
Aussatz: Brücke am Kraftwerk in Ramello.
Fahrstrecke: 2,5 km, 2 Stunden.

Charakter: Durchgehende Klammstrecke mit Zwangspassagen.
Schwierigkeiten: Wie 2. Etappe ohne die hohen Fälle, WW5.
Besondere Gefahren: Unterspülte Felsen, Rückläufe.
Befahrungszeit: Das Wehr am Einsatz sollte 20–40 cm überronnen sein.
Boote: Bei mehr als 30 cm nicht mit dem Kurzboot.
Auto: Straße nicht weit entfernt, aber kaum erreichbar.

4. Etappe – *untere Klammen*
Einsatz: Ramello.
Aussatz: An der Mündung in den Lago Maggiore, links.
Fahrstrecke: 5 km, 2 Stunden.
Charakter: Zwei Klammen, sonst offenes Kiesbett.
Schwierigkeiten: Absolute Zwangspassage in der ersten Klamm, WW6. Am Ende der zweiten Klamm unfahrbare Stellen.
Sonst um WW2.
Besondere Gefahren: Zu hoher Wasserstand.
Gefährliche Zwangspassage in der ersten, Siphone in der zweiten Klamm.
Befahrungszeit: Maximal 3 cbm/s.
Auto: Begleitung unmöglich. Erste Klamm vor Fahrtantritt besichtigen!

SCHLUCHTENKLETTERN

Durch die abgeleiteten Klammen unterhalb des Wehres.

SEHENSWERTES

Cannero:
Mildes Klima begünstigt das Wachstum von Wein, Orangen- Zitronen- und Olivenbäumen, Palmen, Kamelien, Azaleen, Rhododendron. Zwei kleine Inseln mit den Ruinen der »Castello di Malpaga« aus dem 12. Jh. Die Räuberschlößchen wurden abgerissen nach der dreisten Entführung einer Nonne und im 15.Jh. wieder aufgebaut von den Borromäern. Einstmals waren sie mit einer Zugbrücke verbunden. Feste: Seenachtsfest »Festa

Patronale« am 2.Sonntag im Juli. Ball mit Musik auf dem Herbstfest der »Castagnata« am 2. Sonntag im Oktober. Karneval und »Festa gastronomica della Polenta«.

Ghiffa:
Seepromenade mit schönen Ausblicken.
Naturpark »Santuario della Trinita«, 1987 gegründet.

Ogebbio-Novaglio:
Gotische Kirche aus dem 12. Jh.

Premeno:
Vorrömische Ausgrabungen auf der Pian di Sole.
Klassische Konzerte in der Villa Bernocci.

Caprezzo:
Von der Landwirtschaft geprägter Ort. Projekt »Urlaub auf dem Bauernhof«, Informationen: »Pro Loco Caprezzo«.
Kreuzweg durch den Wald zur Kirche »Madonna della Grazie«.

CAMPING

Cannero Riviera, »Lido«. Telefon 0323/788176
Premeno-Pollino, »Pian del Sole«. Telefon 0323/47288

Val Grande

San Bernardino

Nur knapp fünfzehn Kilometer liegen zwischen Verbania und Ponte Casletto. Aber es sind zwei völlig verschiedene Welten: Hier unten der lärmende Touristenrummel. Mehrspurig rauscht der Verkehr vorbei, Schulter an Schulter drängen sich die Menschen auf der Promenade. Da übersieht man doch tatsächlich die Mündung von San Giovanni und San Bernardino, hat man gerade wieder einer hübschen italienischen Madonna zugelächelt...

Bald hinter Rovegro wird das Sträßchen schmal, und nun sind die Verlockungen anderer Art: Braunes Urgestein, smaragdgrünes Wasser, wunderschöne alte Kastanienbäume und dazwischen verstreut liegende, oft verfallene alte Natursteinhäuschen.

Dann nimmt die Fahrt ein jähes Ende. Vor uns ein Tunnel, nur zwei Meter siebzig hoch und direkt danach die Einsatzbrücke, die Ponte Casletto. Eine Gedenktafel erinnert an ein dunkles Kapitel der Geschichte. Deutsches Militär riegelte 1944 auf der Suche nach italienischen Partisanen alle Zugänge des oberen Val Grande ab. Systematisch brannte es viele der wunderschönen, versteckt gelegenen Dörfchen nieder.

Die Natur erholt sich schnell. Die Wege verfallen, Efeu und Brombeeren überwuchern die Ruinen. In manchen Häuschen wachsen Bäume. Nur vereinzelt bewohnen Ziegenhirten mit ihren Herden jene wenigen Räume, die noch ein Dach haben.

Wegen seiner Unzugänglichkeit und Abgeschlossenheit ist das obere Val Grande 1971 zu einem Naturreservat erklärt worden.

An der Ponte Casletto sind Wende- und Parkplätze kaum zu finden. Will man den San Bernardino mit dem Kajak befahren, setzt man das Auto am besten zuerst um. Die Zurückbleibenden haben genug damit zu tun, die Boote noch ein Stück ins Val Grande hinein- und dort zum Fluß hinabzutragen.

Man kann auch direkt unter der Brücke über eine steile Geröllhalde einsteigen. Die ersten Abfälle bis zur Mündung des Pogallo von links sind sehr anspruchsvoll. Wer hier schon Probleme bekommt, sollte gar nicht erst weiterfahren. Zwar ist die Folgestrecke bis zum Wehr oberhalb Rovegro meist nicht allzu schwer, aber gerade an den schwierigsten Passagen ist es bei höherem Wasserstand kaum möglich zu umtragen. Zwar ist alles fahrbar, auch den durch einen Felsrutsch entstandenen, hakeligen Katarakt, aber je nach Wasserstand umtragen wir doch die ein oder andere Stelle.

Nicht verzagen sollte man bei einem eher dünnen Wasserdurchlauf. Dann ist es nicht nötig, am Wehr von Rovegro aufzuhören. Unmittelbar danach gräbt sich der San Bernardino durch eine prächtige, hautenge Klamm. Eine Ecke haben wir das erste Mal umständlich links umseilt, das nächste Mal haben wir sie völlig übersehen und erst bemerkt, nachdem wir durchgefahren waren. Ein drittes Mal konnte man sie rechts knapp umheben, wobei wir uns gefragt haben, wie man da mit dem Kajak wohl hindurchpaßt... also Achtung!

Viele Stellen sind Zwangspassagen. Die alte der Überlieferung nach aus römischer Zeit stammende Steinbrücke, über die der Fußwege von Cossogno nach Rovegro führt, vermittelt einen guten Eindruck dieser Etappe.

Schließlich öffnet sich die Klamm, der Fluß wird leichter, links oben am Hang erscheint das Kleinkraftwerk von Cossogno. Einen halben Kilometer weiter verschwindet der Bach abermals in einer Klamm. Gleich zu Beginn versperrt ein fünfzehn Meter hohes Wehr die Weiterfahrt. Es läßt sich nur von der glitschigen Wehrkrone aus anschauen, umtragen kann man es nicht!

Kollegen sind einmal mit ihren Kajaks durch den Ableitungsstollen hindurchgeschwommen. Zum zweiten Fenster haben sie sich hinausgeseilt. Auch wir wollten bei unserer Erstfahrt durch das Loch, der Wasserstand war aber so hoch, daß nur knapp zehn

◀

Einer meiner Lieblingsbäche ist der San Bernhardino. Vielleicht weil man sich Ein- und Ausstieg regelrecht erarbeiten muß. Doch die Mühe lohnt!

Zentimeter Luft im Stollen war. Nur die Bootsspitze paßte hinein, und tausend Mücken kamen heraus. Am Felsen befindet sich ein Abseilhaken mit vergammelter Bandschlinge. Da haben wir dann die Boote den kleinen steilen Anglerpfad zur Straße hinauf getragen.

Nach der nächsten Flußbiegung kommt schon die Straßenbrücke, ab der der San Bernardino, Normalwasserstände vorausgesetzt, endgültig offen und leicht wird. Es ist noch eine schöne Etappe bis zum See, falls das Wasser reicht. Sie ähnelt dem Unterlauf des Cannobino und eignet sich zum Trainieren der Anfänger. Von der Kleinstadt Verbania bekommt man erst gegen Ende einige Häuser zu sehen. Schon in Sichtweite des Lago Maggiore muß kurz ein Wehr umhoben werden, die Bootsrutsche ist mit großen Steinen verlegt. Links an der Mündung kann man an einer Treppe aussteigen, oder man fährt noch auf dem See um die Kaimauer herum und in den Hafen von Verbania-Intra hinein.

Pogallo

Obwohl wir mehrere Tage in seine Erkundung gesteckt haben, sind unsere Informationen über den Rio Pogallo unvollständig. Dabei haben wir hartnäckig versucht, sein Geheimnis lüften...

Durch einen langen, engen und niedrigen Tunnel tasten wir uns voran. Es ist stockdunkel, Spinnweben kleben sich an mein Gesicht. Langsam zweifle ich am Sinn der Aktion: Von unten, am Zusammenfluß von Pogallo und San Bernardino bei der Ponte Casletto, waren wir gestartet. Längs der Wasserableitung war es einfach, in die Klamm des Pogallo hinein zu laufen, doch dann wird das Wasser durch den Berg geleitet und uns bleibt kein anderer Weg, als neben der Ableitung durch den Tunnel zu kriechen.

Vor uns wird es heller. Der Tunnel ist zuende, wir stehen an einem hohen Wehr. Die Felswände zu beiden Seiten sind glattge-

▶
Wandernd, kletternd und schwimmend eröffnet sich uns die großartige Klamm des Pogallo.

schliffen und senkrecht, ein paar hundert Meter können wir die Klamm hinaufschwimmen, dann ist Schluß. Die Strömung ist zu stark, und ohne Kletterausrüstung ist ein Weiterkommen nicht möglich. Aber uns kommt eine neue Idee: Der Pogallo eignet sich für eine expeditionsähnliche Klammdurchquerung.

Keine drei Wochen später sind wir wieder da. Die Verhältnisse sind optimal, der Wasserstand hat nach der Schneeschmelze ein Minimum erreicht, über uns lacht die Sonne vom strahlend blauen Sommerhimmel. Schwer lastet der Rucksack auf meinen Schultern, als wir den breiten mit Steinplatten ausgelegten Wanderweg Richtung Alpe Pogallo hinauflaufen. Diesmal wollen wir es von oben versuchen, wir haben die komplette Kletterausrüstung mit Fünfzig- Meter- Seil und Bohrhaken dabei.

Nach einer Stunde gelangen wir an einen Steg, der eine kurze, enge Klamm des Pogallo unterhalb eines markanten Wasserfalles überspannt. Auf der anderen Flußseite kann man in das Bachbett hinabklettern, von hier sind es drei Kilometer bis zur Mündung.

Über große Felsen klettern wir den fast ausgetrockneten Pogallo flußabwärts. Der Wanderweg entfernt sich, wir sind allein. Mehrere Male müssen wir den Fluß queren, der Talgrund bleibt offen, die Ufer sind zumindest an einer Seite begehbar.

Nach einer weiteren Stunde sehen wir über uns eine Brücke, darunter verengen sich die Ufer zu einer Klamm. Vor uns sehen wir eine Abbruchkante und dahinter... Baumwipfel!!!

Angeseilt klettert einer von uns voraus. Über glatte Felsen stürzt der Pogallo zehn Meter tief in eine gewaltige Gletschermühle, dahinter folgen weitere Abfälle. Wir beschließen, die ganze Klamm weiträumig zu umgehen.

Auf dem Weg, der über den Steg führt, laufen wir linksufrig zu einem kleinen Sattel. Dahinter führt ein verwachsener Anglerpfad an einen Seitenbach, durch den wir wieder zum Pogallo hinabklettern können. Von unten sieht man, daß die beiden unteren Fälle auch ohne Seil umklettert werden können. Vom oberen, hohen

▶

Das Bild täuscht. Paddelnd dürfte diese Flußlandschaft kaum ein Genuß sein.

Fall müßte man sich zwanzig Meter abseilen. Den Zustieg zur Wasserfallkante hatten wir mit einem Viererklemmkeil abgesichert, links oberhalb der Kante könnte man sich bequem einen Hacken bohren. Aus Zeitgründen verschieben wir das Bohren auf später...

Weiter geht es über Felsen und Kiesbänke. Immer mehr verengt sich die Schlucht, immer öfter müssen wir schwimmen. Dann kommen wir abermals an eine Brücke. Sie ist aus Stahl und hat einen gemauerten Mittelpfeiler.

Um die nächste Ecke herum wird es noch enger. Jetzt müssen wir dauernd schwimmen, nur langsam kommen wir vorwärts. Bei allen Absätzen testen wir vorsichtig, ob man zur Not auch wieder zurück klettern könnte. Bei den glitschigen Felsen ist das gar nicht so einfach!

Von links stürzt in hohen Wasserfällen ein Seitenbach herab. Direkt neben dem Pogallo sammelt er sich in einem tiefen, grünlich-dunklen Tumpf, strömt über einen kleinen Felsriegel und vereinigt sich mit ihm. Wir staunen, sind fasziniert.

Keine fünfzig Meter weiter wird es eng, zu eng. In einem Spalt verschwindet der Pogallo. Wir klettern voraus, schauen, ob sich die Klamm vielleicht wieder öffnet. Da rumpelt und donnert es, ein Gewitter naht! Sofort sind die Felsen naßgeregnet und rutschig. Es hat keinen Sinn weiterzugehen, wir geben auf.

Der Ausstieg über Felswände Richtung Cicogna ist zum Glück relativ einfach, denn hier im Wald sind die Felsen noch griffig. Weit müssen wir nicht hinauf, hundert Höhenmeter über dem Pogallo entdecken wir einen Pfad. Flach verläuft er längs der Klamm, schon eine Viertelstunde später stehen wir auf der Asphaltstraße oberhalb der Ponte Casletto. Vom Pogallo fehlen uns etwa fünfhundert Meter. Allerdings ist das die engste Strecke, enger und unüberwindlicher als der Ausgang der Cannobino- Klamm bei Sankt Anna. Sie wartet noch auf ihren Entdecker...

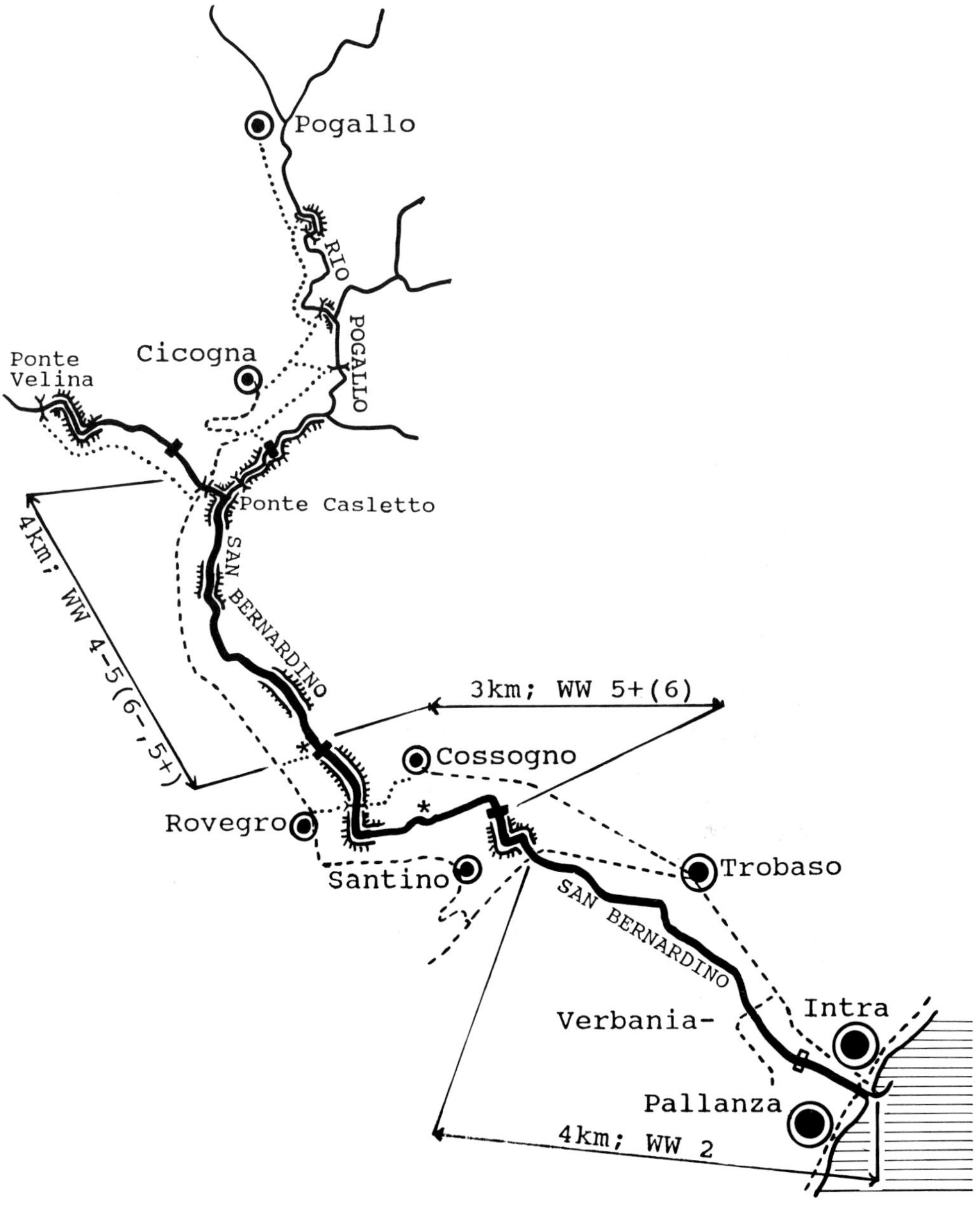
Pogallo
RIO
POGALLO
Cicogna
Ponte
Velina
Ponte Casletto
SAN
BERNARDINO
4km; WW 4-5(6-,5+)
3km; WW 5+(6)
Cossogno
Rovegro
Santino
Trobaso
SAN BERNARDINO
Verbania-
Intra
Pallanza
4km; WW 2

Überblick Val Grande

WILDWASSER

Rio Pogallo, nur erkundet

Das Hineintragen der Boote von Cicogna auf dem mit großen Steinplatten ausgelegten Weg wäre leicht, doch gegen eine Befahrung sprechen viele unfahrbare und kaum umtragbare Stellen.

San Bernardino

1. Etappe
Einsatz: An der Ponte Casletto über eine steile Geröllhalde. Die Wasserableitung hochzutragen lohnt, wenn man Zeit hat.
Aussatz: Am ersten Kraftwerk 1,5 km oberhalb Rovegro.
Fahrstrecke: 4 km, 2–3 Stunden.
Charakter: Herrliche Schlucht mit Klammabschnitten.
Schwierigkeiten: Breiter, offener und leichter als der San Giovanni. WW4–5 mit je einer Stelle WW6- und 5+, beide kann man bei nicht zu hohem Wasserstand umtragen.
Besondere Gefahren: Bei dem glasklaren Wasser verschätzt man sich leicht in der tatsächlichen Wassermenge.
Befahrungszeit: Bis Anfang Juni bei 10–20 cbm/s.
Auto: Erst umstellen, da wenig Parkraum am Einsatz. Die schwersten Stellen sind von der Straße aus nicht zu sehen.

2. Etappe
Einsatz: Am Kraftwerkswehr.
Aussatz: Unmittelbar vor dem hohen Wehr, rechts Anglerpfad.
Fahrstrecke: 3 km, 2,5 Stunden.
Charakter: Reinrassige Klamm.
Schwierigkeiten: Wie untere Cannobinoklamm, WW5+ mit einem Abfall WW6.
Besondere Gefahren: Ein zweifelhaftes Eck. Fahrtabbruch unmöglich. Baumversperrungen.
Befahrungszeit: Nur bei wenig Wasser, maximal 6 cbm/s.
Auto: Begleitung nicht möglich.

3. Etappe
Einsatz: Straßenbrücke am Klammausgang zwischen Trobaso und Santino.
Aussatz: Im See. Hafen von Intra 300 m nördlich der Mündung.
Fahrstrecke: 4 km; 1 Stunde.
Charakter: Offenes Kiesbett, Schwälle und Kehrwasser zum Üben.
Schwierigkeiten: WW2
Besondere Gefahren: Wehr kurz vor der Mündung.
Befahrungszeit: Auch bei Hochwasser.

SCHLUCHTENKLETTERN

Rio Pogallo ab Ponte Casletto.
1. und 2. Etappe des San Bernardino.

WANDERN

Wunderschöner alter Weg von Cicogna nach Pogallo. Von dort über die Alpe Braco auf den Monte Spigo. In herrlicher Aussicht zur Alpe Pra und hinab nach Cicogna. 10 km, 4 Stunden.
Val Grande: Mehrtägige, expeditionsähnliche Wanderungen in dem 2500 ha grossen Naturschutzgebiet. Die Wege weden seit Jahrzehnten nicht mehr unterhalten, sie sind nur noch bruchstückhaft vorhanden und kaum zu finden. Die Alpen verfallen und sind völlig überwuchert, das Tal ist menschenleer.

SEHENSWERTES

Verbania:

Palazzo Dugani. Borromäische Inseln in sehr reizvoller Lage. Die im 19. Jh. erbaute Villa Taranto hat einen 15 ha großen botanischen Park mit über 20.000 verschiedenen Pflanzenarten. Im April und Mai Tulpenwochen. Markt: Freitags am Seeufer in Pallanza. Samstags in Intra. Feste: Lunganotte di Pallanza am 15. August. Juli und August Theaterfestival. Im Frühling Theateraufführungen in dem Auditorium Sant Anna. Abendlicher Treff: Beleuchtete Minigolfanlage in der Nähe des Hafens.

Trobaso:
Dorffest »Festa Patronale San Pietro« am 29.Juli.

CAMPING

In Pioggiola am Lago di Mergozzo. »Continental Lido«,
Telefon 0323/496300
Fondotoce: »La Quiete«, Telefon 0323/496013;
»Lido Toce«, Telefon 0323/496087;
»Isolino«, Telefon 0323/496080 oder 496135

INFORMATION

IAT, Corsi Zanitello 8, 28048 Verbania Pallanza.
Telefon 0323/42976
Fremdenverkehrsbüro, Telefon 0323/503249

Valle dell'Isorno

Isorno

Als kleines, unscheinbares Flüßchen mündet er nahe Masera in den Toce. Nur sein breites Kiesbett läßt erahnen, zu welchen gewaltigen Ausmaßen der italienische Isorno nach längeren Niederschlägen anschwillt.

Die Straße, die von Masera den Fluß entlang aufwärts führt, endet entgegen den Angaben unserer Karten schon drei Kilometer oberhalb der Mündung an einem häßlichen Geröllfänger. Bei dem Jahrhunderthochwasser im August 1978 wurde die Fortsetzung bis zum Zusammenfluß mit dem Rio Feneccio weggerissen, nur vereinzelte Teerfetzen lassen ihre ehemalige Existenz noch erahnen. Das V- förmige Tal ist am Grund über die ganze Breite aufgefüllt mit Geröll, alte Steinhäuschen stehen als Ruinen herum, auf den weiten Kiesbänken wächst nur spärliches Grün.

Über Sand und Steine laufen wir den Fluß entlang. Weit kann man das gerade Tal hinaufsehen, in gefällstarken, offenen Katarakten schießt das Wasser herunter. Aber wo kommt es denn her, das Wasser? Selbst mit dem Fernglas können wir weiter oberhalb keinen nennenswerten Durchfluß im Geröllbett feststellen.

Erst nach zwei Kilometern erkennen wir des Rätsels Lösung. Es ist der kleine Rio Fenecchio, der das Tal geschaffen hat. Der wesentlich wasserreichere Isorno kommt aus einem schmalen, engen Spalt seitlich dazu, beinahe könnte man ihn übersehen!

Der Übergang ist abrupt, keinen Meter weiter können wir in die Klamm des Isorno vordringen. Zu steil sind die Wände. Doch um die Kurve sieht man in über zwanzig Meter Höhe Gischt... Was sich da wohl verbirgt?

Im Sommer wollten Bertram und ich es einmal ganz genau

Nach der Mündung des Freneccio kann sogar mit dem Canadier gefahren werden. Nichts erinnert mehr an die enge Klamm.

wissen. Mit Seil und Neopren steigen wir den Isorno von Agarina aus immer weiter hinab. Wir schwimmen durch herrliche Klammen, klettern Wasserfälle hinab, tasten uns an steilen Felswänden entlang.

Doch noch weit vor der Ponte del Diavolo bei Altoggio ist Schluß. Wir hätten einige Fälle hinabspringen müssen, die wir nicht wieder hinaufgekommen wären. Einbahnstraße und Sackgasse gleichzeitig?

Ob die Schlucht überhaupt schon einmal durchstiegen wurde,

◀
Alles haben wir am oberen Isorno versucht, und mußten doch aufgeben. Durch diese Klamm gibt es kein Durchkommen.

ist nicht bekannt. Wir fanden nur eine halbtote Ziege, die sich hier hinein verirrt hatte. Sie war zu ausgemergelt, um mit uns zurückzugehen. Wir mußten sie liegenlassen und sagten oben im Dorf Bescheid.

Zum Wildwasserfahren bleiben zwei Möglichkeiten:

Erstens der Oberlauf bei Agarina. Dort führt eine neue Straße längs des Isorno. Bis auf einen kurzen Durchbruch sieht alles steinig und nicht lohnend aus.

Als zweites ist der Unterlauf ab der Mündung des Fenecchio fahrbar. Vom Geröllfänger aus kann man dazu sein Boot zwei Kilometer hinauftragen. An dem verfallenen Wehr beim Zusammenfluß steigt man ein. Das Wehr selbst ist fahrbar, die darauffolgende Strecke bis zum Fänger schön, schnell und spritzig. Gerade bei viel Wasser hat man hier kräftig zu schaufeln.

Wer die Mühe scheut, beginnt erst am Straßenende. Die Schwälle sind leichter als jene oberhalb des Fängers. Zwei Wehre, die schon bei der Anfahrt besichtigt werden können, sind bei normalen Wasserständen gut fahrbar. Doch gerade bei Hochwasser dürfte der Unterlauf des Isorno lohnend werden, denn dann kann man auf dem Toce weiterfahren. Leider reichte es uns dort bisher immer nur zu einer erbärmlichen Schrupperei...

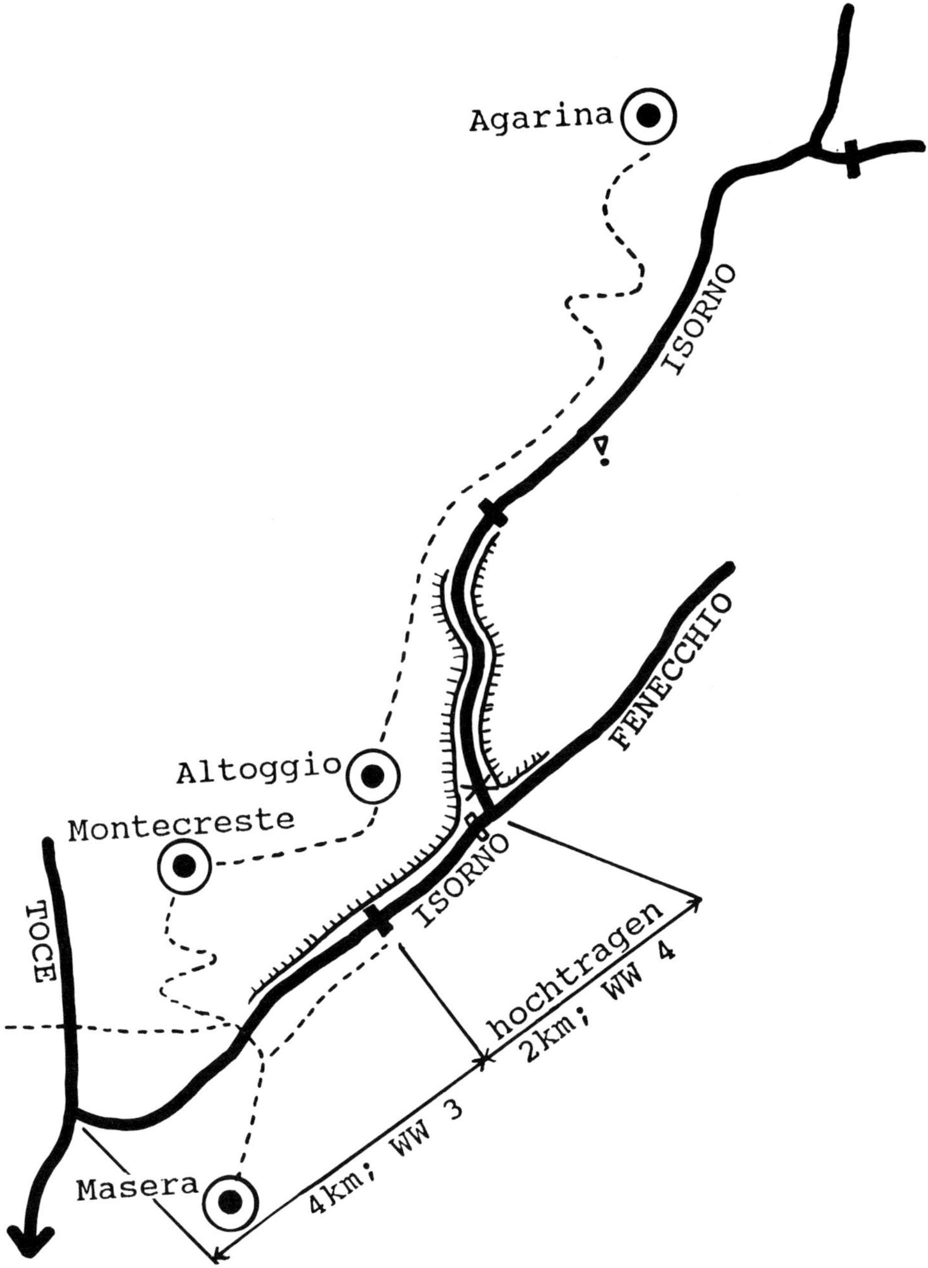

Agarina
ISORNO
FENECCHIO
Altoggio
Montecreste
ISORNO
TOCE
hochtragen
2km; WW 4
4km; WW 3
Masera

Valle d'Ossola, Valle Antigiorio, Val Formazza

Toce

Südlich des Gotthard-Massivs entspringt er aus den Gletschern des Blinnenhorns, tost über gigantische Wasserfälle durch das Val Formazza, staubt einen unüberwindbaren Steilsturz hinunter in das Valle Antigorio, preßt sich durch schmale Klammen der Diveria entgegen, beruhigt sich erst nach dem Zusammenfluß und strömt in vielen Mäandern durch das breite Valle d'Ossola in den Lago Maggiore. Die Rede ist vom Toce, so wie er früher einmal war. Nur wenig ist von seiner wilden Schönheit übrig geblieben. Mit dem Bau der Simplonpaßstraße und des Eisenbahntunnels wurde das Valle d'Ossola zu einem wichtigen Verkehrsknotenpunkt. Eine Fahrstraße überwindet die Talstufe, die das Valle Antigorio vom Val Formazza trennt. Das abgeschlossene, einst von Norden (Wallis) durch Waliser besiedelte obere Tocetal wurde dem industrialisierten italienischsprachigen Süden angebunden.

Heute fangen Stauseen seine grünlichen Wasser unmittelbar unterhalb der Gletscher auf. Der Wasserfall von Frütt, mit hundertdreiundvierzig Metern Höhe einer der höchsten und einstmals wuchtigsten Wasserfälle der Alpen, existiert nicht mehr. Er heißt jetzt Cascata del Frua und bietet nur noch an Feiertagen und während einer Woche im August ein künstlich reanimiertes Naturspektakel für Touristen. Ansonsten wird alles Wasser abgezogen und irgendwo durch die Turbinen gejagt.

Mit erschreckender Konsequenz wird das ganze Tal wirtschaftlichen Interessen geopfert. Jeder kleine Seitenfluß ist abgeleitet. Nur ein trockenes Kiesbett, zu allem Überfluß noch von Geröllbremsen und Röhrenbrücken durchsetzt, zeugt von seinem einstigen Flußlauf.

Auf der Suche nach Wasser fahren wir das ganze Tal ab und sind erschüttert, wie zerstört es heute wirkt. Granit wird in unzähligen Steinbrüchen aus dem Berg gesprengt, überall sind die grün bewachsenen Bergflanken aufgerissen. Ständig ist das Tal vom dumpfen Donnern der Sprengungen erfüllt. Große Bohrer röhren, Lastkraftwagen hüllen die Ortschaften in dunkle Abgaswolken, die einst liebevoll bemalten Hauswände sind rußgeschwärzt. Mit Baggern werden Wege zu den Steinbrüchen durch das trockene Kiesbett gepflügt, und viele Röhrenbrücken sind wahre Paddlerfallen, die sich zudem von Jahr zu Jahr nach jedem Hochwasser ändern. Falls überhaupt einmal Wasser durch das ausgetrocknete Kiesbett läuft.

Es klingt paradox, doch die Kraftwerke sind bei aller sonstigen Häßlichkeit die hübschesten, die wir jemals sahen. Wohltuend unterscheidet sich ihre eigenwillige Architektur von der gewöhnlichen Monotonie neuerer Zweckbauten. Ihre Außenwände sind kunstvoll mit farbigen Fresken bemalt.

Lohnende Fahrstrecken bietet der Toce dem Paddler kaum noch, falls es nicht gerade stark regnet oder die Hochschmelze die Stauseen überlaufen läßt.

Ganz oben, gleich nach dem Tocefall, fließt das, was vom Toce noch übrig geblieben ist, durch eine kleine Klamm mit mehreren Wasserfällen. Der Wasserdurchlauf ist hier, da das Flüßchen so eng zusammengedrückt wird, fast immer ausreichend. Die meisten Fälle erscheinen nach grober Erkundung fahrbar, doch ist nur ein knapper Kilometer interessant.

Vom Kraftwerk Ponte Zumsteg bis zum Rückhaltebecken in Fondovalle, dem einst deutschsprachigen Staffelwald, ist der Toce ein leichter, kleiner Wildbach. Zum Glück gibt es hier oben im Val Formazza noch keine Steinbrüche. Man hofft auf Tourismus, zwei Campingplätze bieten Unterkunft für jene Fremden, die die Anfahrt durch das untere und mittlere Tocetal nicht abgeschreckt hat.

Bei guten Wasserständen, vor allem wenn Wasser über den Tocefall abgelassen wird, ist die Paddeltour durch das Val For-

Hübsch und leicht ist der Toce im noch relativ naturbelassenen Val Formazza.

mazza eine empfehlenswerte, schnelle Einlage. Es bietet sich an, sie mit einer Wanderung durch die lockeren Nadelwälder und die bunten Bergwiesen des hübschen Hochtales zu verbinden. Lediglich die vielen Starkstromleitungen stören die schöne Aussicht auf die umgebenden Berge der lepontinischen Alpen.

Nach dem Wasserentzug in Staffelwald fällt der Toce über eine unfahrbare Talstufe in das Valle Antigorio hinunter. Liebhaber steiler Abfahrten können schon bald nach der provisorischen Straßenbrücke wieder einsteigen. Nach Auskunft italienischer Freunde wird die neun Kilometer lange Strecke bis zum Stau in Piedilago des öfteren von ihnen befahren. Oberhalb und um Piedilago liegen die fahrtechnischen Schwierigkeiten im obersten Bereich, vor allem bei den vielen Röhrenbrücken gilt es, das letzte Kehrwasser sicher zu treffen. Danach wird der Toce leichter, ist jedoch wegen der plötzlich auftauchenden Umtragstellen weiterhin nur routinierten Wildwasserfahrern vorbehalten. Landschaftlich lohnt sich diese Etappe aufgrund der vielen Steinbrüche nicht. Sie hat auch nur sehr selten den richtigen, ausreichenden und doch nicht zu hohen Wasserstand.

Das Valle Antigorio ist erfüllt vom Lärm der Steinbrucharbeiten. Landschaftlich kann man es als völlig zerstört bezeichnen.

Nach der Aussatzstelle hat sich der Toce eine schmale Klamm gegraben, über deren Befahrbarkeit nichts bekannt ist. Man hat ihr zusammen mit der benachbarten Devero- Klamm den Namen »Gli Orridi« gegeben, was wörtlich übersetzt »die Grausigen« heißt.

Crodo ist ein Kurort, der wegen seiner Mineralwasserquellen bekannt ist. Hier beginnt die schönste Etappe des oberen Toce, wenn das Stauwehr genügend Wasser abläßt. Ein italienischer Paddler erzählt uns mit glänzenden Augen von der Befahrung des oberen Kataraktes. Normalerweise steigt man erst etwas unterhalb an einer kleinen, eisernen Fußgängerbrücke ein. Bei gutem Durchlauf bieten die folgenden zehn Kilometer bis zum Stau von Crevola eine wunderschöne, wuchtige Fahrt. Zwischen großen Blöcken und durch gewaltige Walzen geht es abseits der Straße in einer offenen, abgelegenen Schlucht zur Sache. Nach dem »Big

Jonny«, der größten Walze, die direkt vor der Straßenbrücke von Pontemaglio steht, wird der Fluß leichter, doch das Tal enger. Durch eine kurze Klamm gelangt man zur sehenswerten, weit geschwungenen Römerbrücke von Pontemaglio. Nach einer weiteren Klamm ist es nicht mehr weit zum Wehr von Crevola. Hier kann man aussetzen oder noch wenige hundert Meter weiterfahren zur Mündung des Isorno. Leider hat diese herausragend schöne Etappe selten Wasser, ein trockenes Kiesbett wartet auf bessere Zeiten.

Wesentlich häufiger bringt der linke Seitenfluß Isorno viel glasklares Wasser. Kommt nichts aus der Diveria, so wird es im weiteren Verlauf trotzdem knapp, denn in seinem breiten Trogtal hat man dem Toce zwischen einigen wenigen Uferregulierungen viel Platz gelassen. Nur mit gutem Willen und unter Inkaufnahme einiger kurzer Treidelstrecken ist der Toce dann ab hier fahrbar.

In seinem bis über einen Kilometer breiten Kiesbett schlängelt sich das glitzernde Rinnsal dahin. Mit dem Canadier, der dank seines flachen Unterschiffes einen sehr geringen Tiefgang hat, gleiten wir auf dem Toce durch das Valle d'Ossola. Die Aussicht über das Tal ist schöner, als es vorher von der Schnellstraße, im Vorbeifliegen, den Anschein hatte. Die weit entfernte Bahn, Straßen und Ortschaften empfinden wir nicht als störend. Zwei Röhrenbrücken müssen wir kurz umheben, dann münden fast gleichzeitig die Bogna von rechts und der westliche Melezzo von links. Auch sie bringen nur wenig von dem ersehnten Naß. Später, an der ersten Brücke von Domodossola, macht uns ein sehr langes, fast waagerechtes Wehr viel Spaß. Ein anderes unter einer Eisenbahnbrücke umtragen wir, es ist für den Canadier zu steinig und zudem mit Eisenpfosten verziert.

An der Straßenbrücke in Villadossola kann man den Fluß gut mit dem Auto erreichen. Nach der Mündung der Ovesca, die meist nur geringes Zuschußwasser bringt, verzweigt sich der Flußlauf in einem breiten Sandbett. Oft ist es schwierig, einen Arm mit genügend Wasser zu erwischen, die richtige Stromzunge zu erahnen. Das unfahrbare Wehr in der Höhe von Piedimulera kann mühsam links umhoben werden. Danach fehlt es abermals an Wasser!

Die untere Klamm des Cannobino, schon lange bekannt als Wildwasser der Spitzenklasse. Doch was erwartet uns auf den oberen Etappen?

Unerwartet hohe Rutschen auf dem Socraggio, einem Seitenbach des Cannobino.

Den Oberlauf des San Giovanni muß man sich erwandern. Keine Straße führt in diese unberührte Urlandschaft.

Für den Canadierfahrer hält das Piemont etliche geeignete Wildflüsse parat.
Hier probiert sich Klemens im Kennebec auf dem Isorno.

Viel lohnender, als es von der Straße zunächst erscheint, ist die Befahrung der Diveria ab der Zollstation.

Die glasklaren wilden Wasser des Piemont begeistern uns immer wieder. Ob Gert wohl einen Schluck nimmt? (Cairasca).

Mindestens vier ausgefüllte Wildwassertage bietet uns die Strona, 1100 meist fahrbare Höhenmeter auf 28 km Länge. Hier ihr Oberlauf bei Pian Pennino.

Mittellauf der Strona.

Untere große Schlucht der Strona.

Klein, hübsch und versteckt gelegen: Der Erno.

Im Piemont gibt es vieles zu entdecken, nicht nur für Wildwasserfahrer.

Lediglich die letzte Etappe bis zum Lago Maggiore ist für Naturliebhaber noch lohnend.

Bei knappem Wasserstand ist die folgende Strecke bis zum großen Kraftwerk bei Megolo nicht empfehlenswert. Die Anza bringt zwar gleich nach dem Wehr zumindest im Sommer einen ausreichenden Zuschuß. Doch danach leitet von rechts ein Chemiewerk seine Abwässer ein. Die Kiesel sind plötzlich rot gefärbt, jeder Schwall riecht wie eine offene Säureflasche, jeder Spritzer widert mich an. Auch fehlen hier plötzlich die Angler... ein Zufall?

Ab dem Kraftwerk, aus dem pro Sekunde bis zu hundert Kubikmeter klares Gebirgswasser zuströmen, wird der Fluß soweit verdünnt, daß man von der Verschmutzung nichts mehr wahrnimmt. Von hier ab ist er auf seinen letzten zwanzig Kilometern bis zur Mündung in den Lago Maggiore ganzjährig fahrbar. Rasche Strömung, glasklares, grünliches Wasser und schöne Ufer machen ihn zu einem sehr lohnenden Wanderfluß ohne nennenswerte Schwierigkeiten. Nur einmal muß ein Wehr in Höhe der Straßenbrücke bei Cuzzago besichtigt und eventuell umhoben werden.

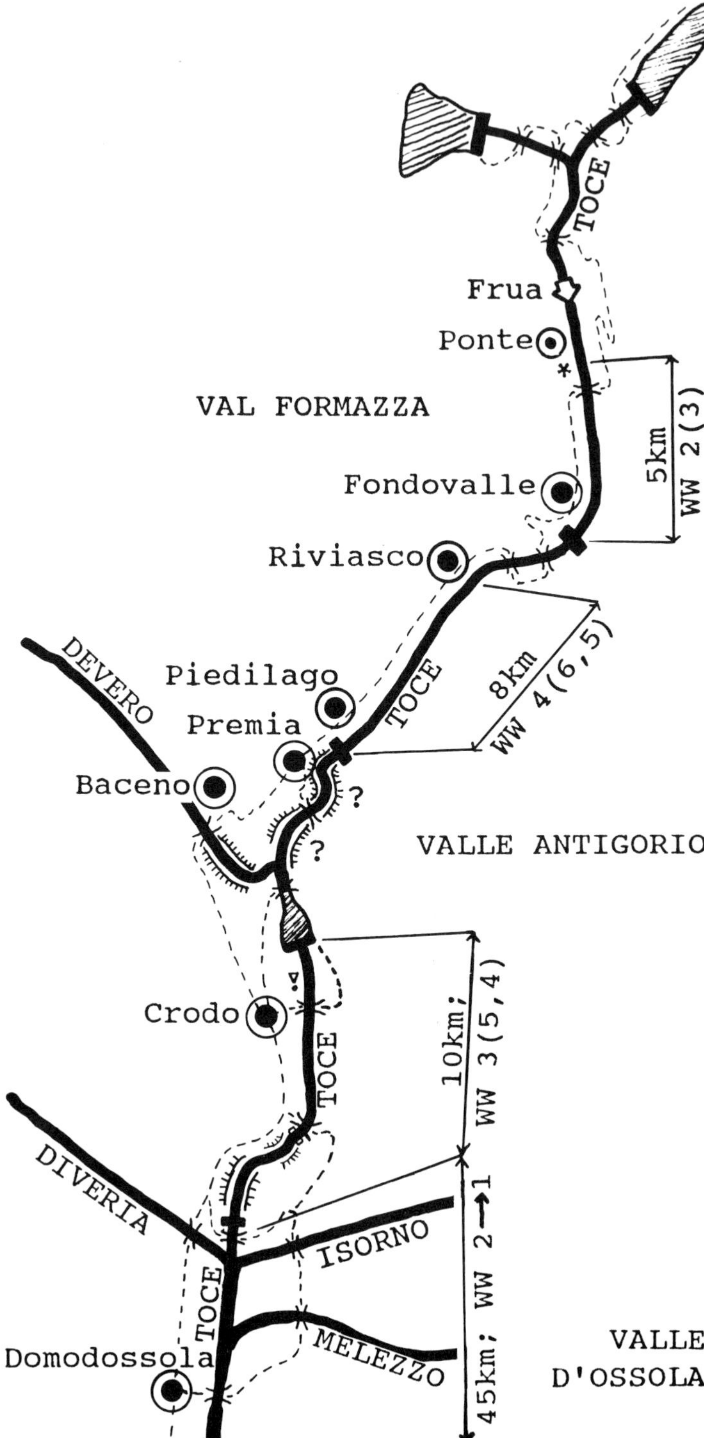

TOCE
Frua
Ponte
VAL FORMAZZA
5km
WW 2(3)
Fondovalle
Riviasco
8km
WW 4(6,5)
DEVERO
Piedilago
Premia
TOCE
Baceno
VALLE ANTIGORIO
10km;
WW 3(5,4)
Crodo
TOCE
DIVERIA
ISORNO
45km; WW 2→1
TOCE
MELEZZO
Domodossola
VALLE
D'OSSOLA

Überblick Valle d'Ossola, Valle Antigorio und Val Formazza

WILDWASSER

Toce, Oberlauf

1. Etappe – *durch das Val Formazza*

Einsatz: Am Kraftwerk in Ponte.
Aussatz: Im Stau von Fondovalle.
Fahrstrecke: 5 km, knapp eine Stunde.
Charakter: Schönes, offenes Hochtal.
Schwierigkeiten: Gleich am Einsatz WW3, danach WW2.
Befahrungszeit: Kraftwerksabhängig, fast ganzjährig. Sonntags und vom 10. bis 20. August wird Wasser über die Cascata del Frua abgelassen.

2. Etappe – *Valle Antigorio*
Einsatz: Je nach Motivation oberhalb von Rivasco.
Aussatz: Im Stau von Piedilago.
Fahrstrecke: 9 km, mindestens 3 Stunden.
Charakter: Kurze, ansprechende Wildwasserpassagen, häufig unterbrochen von Röhrenbrücken. Steinbrüche zerstören das Tal.
Schwierigkeiten: Oberhalb Rivasco WW5 und 6. Ab Rivasco WW5, später auf WW4 fallend.
Besondere Gefahren: Röhrenbrücken, Baustellen, Stahl.
Befahrungszeit: Selten. Ideal sind 10 cbm/s.

3. Etappe
Einsatz: Am Stauwehr von Crodo.
Aussatz: An der Mündung des Isorno, links.
Fahrstrecke: 10 km, 3 Stunden.
Charakter: Wuchtige Katarakte in offenem Tal. Später kurze Klammen.
Schwierigkeiten: Erst bis WW5, dann WW3 mit einer Engstelle am Klammeingang WW4.
Befahrungszeit: Zur Zeit der Hochschmelze im Juni und Juli, sonst nur nach starken Regenfällen.

Toce, Unterlauf im Valle d'Ossola
Einsatz: In den Isorno bei Masera.
Aussatz: An der Mündung rechts nach Feriolo oder links zu dem Campingplatz auf der Landzunge von Fondotoce.
Fahrstrecke: 45 km, 2 Tage.
Charakter: Offenes Trogtal, breites Kiesbett.
Schwierigkeiten: Erst schwach WW2, später auf WW1 fallend.
Besondere Gefahren: Wehre. Holz- und Eisenpfosten.
Befahrungszeit: Ab Megolo ganzjährig. Auch bei Hochwasser.

Weitere Möglichkeiten
Oberster Toce bei der Cascata del Frua.
Der Rio Aras und der Riale San Carlo sind abgeleitet und fließen unten an der Mündung nur über Geröll.

SCHLUCHTENKLETTERN

Durch die enge Klamm »Orrido Uriezzo« bei Premia.

KLETTERN

An der Straße zwischen Premia und Crego.

SEHENSWERTES

Ornavasso:

Wallfahrtsort Madonna del Boden 16. Jh. Cava di Marmore bei Candoglia. Hier wurde der Marmor für den Mailänder Dom abgebaut.

Premosello:
Dorfkirche mit antikem Turm. Brücke von Luvet.

Vogogna:
Castello Visconteo 13. Jh. Ruderi della Rocca 12. Jh.

Piedimulera:
Testoni-Palast aus dem 16. Jh. Casa Torre.

Villadossola:
Kirche San Bartholomäo, 11. Jh. Interessante spontane Architektur in dem Ortsteil Noga aus dem 12.–17. Jh. Villa Sisma.

Beura-Cardezza:
Höhlen aus weißem Gneis. Castello Visconti, 14. Jh.

Domodossola:
Treff auf der Piazza del Mercato. Historisches Stadtzentrum an der Via Brioria. Stadtviertel Motta mit charakteristischen Holzhäusern und Holzbalkone. Kirche SS.Quircio e Giuditta, 9. Jh. Kapelle und Kreuzweg auf dem Monte Calvario. Palazzo Silva mit Völkerkundemuseum »Museo Storico Etnografico«.

Masera:
Signalturm aus dem 15. Jh. Kirche San Abbondio mit Glockenturm 12. Jh. Abendlicher Treff in der Musikkneipe.

Crevola:
Reste des Schlosses der Silva aus dem 14. Jh.

Valle Antigorio

Crodo:
Pfarrkirche San Stefano 15. Jh. Casa Forte aus dem 13. Jh.

Baceno:
Romanisch-Gotische Kirche San Gaudenzio 11.–15. Jh.

Premia:
Pfarrkirche mit Fresken aus dem 15. Jh. Orrido Uriezzo mit den »Marmitte dei Giganti«.

Val Formazza:
Das Val Formazza (=Pomat) war im 14. Jh. ein Zentrum der Waliser. Davon zeugen heute noch viele intakte Walisersiedlungen. Kirche aus dem 17. Jh. in Altillone (=Fondovalle). Casa Scilligo in Ponte.
»Casa Forte«, das starke Haus aus dem 15. Jh., in Ponte. Es war Justiz, Parlament und Gefängnis der Walisergemeinde. Eine Überflutungskatastrophe ereignete sich, als 1923 die Staumauer von Kastel brach. Seitdem heißt sie bei den Einheimischen »Damm aus Pappe«.

CAMPING

Unten am Lago Maggiore oder oben im Val Formazza.

INFORMATION

APT Domodossola, Via Romita 13, Telefon 0324/48138.

Valle Anzasca

Anza

Die Anza ist ein typischer Hochgebirgsfluß. Im großen Bogen nimmt sie die Abflüsse jener Gletscher auf, die nach Osten vom Monte Rosa- Massiv hinabstürzen. Im weiten Talkessel, nahe der Gletscher liegen verstreut die Häuser von Macugnaga, dem obersten Ort des Valle Anzasca. Einstmals wurde es von Walisern gegründet, die vermutlich von Saas Fee aus über den Passo Mondelli einwanderten. Heute zeugt davon noch das »Casa Pala«, eines der wenigen alten Häuser, das den Bauboom überlebte. Auch gibt es das historische Museum in Staffa und einen alten Lindenbaum aus dem dreizehnten Jahrhundert. Ansonsten ist der Ort vom Wintersport geprägt.

An warmen Nachmittagen erwachen die Gletscher. Es knistert und gluckert im Eis, und aus dem Gletschertor des Ghiacciaio del Belvedere entspringt ein ansehnlicher Wildbach: die Anza. Genau hier, nahe der Talstation der Belvedere- Bahn, kann man sein Kajak zu Wasser lassen. Die Folgestrecke ist eine einzige, rasante Schußfahrt, schnell treiben wir bergab durch ein steiles Geröllbett, ein Anhalten ist kaum möglich. Und schon nach einem Kilometer kommt ein Wehr, vor dem man unbedingt anhalten sollte. Bald darauf folgt ein Schlitz, der mit einem Stein verlegt ist. Am besten läuft man hinter der Kirche von Macugnaga zum Fluß und schaut sich alles vor einer Befahrung selbst an.

Drei Kilometer stromab erreichen wir die Straßenbrücke in Borca, von rechts mündet die wegen Ableitung meist trockene Quarazza. Die Straße in das hintere Valle Quarazza, die auf der IGN-Karte eingezeichnet ist, haben wir nicht gefunden.

Ab Borca ändert sich der Charakter der Anza, das Tal wird enger, das Gefälle stufenförmiger, die Felsen größer. Trotzdem bleibt die Anza unsauber, Steine liegen direkt im Stromzug, oft prallt das Wasser voll auf die Felsen. An der Brücke Del Vaud beginnt die erste Klamm. An ihrem Ausgang wartet ein unfahrbarer, nicht umtragbarer Wasserfall. Aspiranten, die mit dieser oberen Etappe liebäugeln, müssen sich unbedingt alle Kriterien vorher ansehen, empfehlenswert ist die Befahrung nicht.

Ab dem Klammausgang in Campioli folgt noch ein knapper Kilometer mit extremen Steilstufen bis zum Stausee von Ceppo Morelli. Dort wird meist alles Wasser ableitet.

Vor längerer Zeit fanden wir zufällig einmal den idealen Wasserstand vor. Es laufen knapp zehn Kubikmeter Wasser pro Sekunde über die Staumauer. Trotz eisiger Kälte und strömenden Regens, sitzen wir bald darauf in den Booten...

Es ist schwierig, aufgrund einer einzigen Befahrung eine exakte Flußbeschreibung zu machen. Zum Glück hatte ich mir damals einiges notiert. Daß wir alle trotz des schlechten Wetters begeistert waren, daran erinnere ich mich noch genau. Mindestens zwei Stellen haben wir umtragen, einen steilen mit großen Felsen verlegten Katarakt konnten wir fahren. Den Rest fanden wir damals ähnlich schön wie die mittlere Verzasca.

Schon oft befuhren wir die Strecke ab dem Kraftwerk, das gegenüber von San Carlo auf der anderen Seite der Anza liegt. Hier erlebt man unbeschwerte Wasserwucht. Es macht immer wieder Spaß, durch die Wellen und Walzen zu reiten und in den langen Katarakten herumzuspielen. Dabei ist fast alles vom Boot aus überschaubar, lediglich vor den vier Schlüsselstellen steigt man kurz aus, um die Durchfahrt zu erkunden.

Da gibt es als erstes eine gefällstarke Linkskurve, die von der Straße aus nicht einzusehen ist. Als zweites lauert eine kräftige Walze, schon fast ein Rücklauf, unter der Brücke von Pontegrande auf den ahnungslosen Kanuten. Gerade bei Hochwasserständen gab es hier schon üble Schwimmeinlagen! Die dritte und vierte Schlüsselstelle kann man schon von der Straße aus anschauen. Es handelt sich jeweils um stark verblockte Katarakte.

Auch der Rest bis zum Wehr in Molini läßt keine Zeit zum Träumen. Das stetige Gefälle erfordert schnelle Reaktionen, die Eskimorolle sollte sitzen. Lacht die Sonne dann zu dem glasklaren

Lange wuchtige Schwälle bietet uns die Anza auf ihrem leichtesten Abschnitt.

Mit dem Fernglas kann die berüchtigte Umtragestelle der unteren großen Schlucht eingesehen werden. Ob bei einem so kräftigen Wasserdurchlauf ein Umtragen möglich ist, erscheint fraglich.

Wasser, wird man sich noch lange an diese schöne Wuchtfahrt erinnern.

Aufgrund von Bauarbeiten am Wehr war der Wasserstand nie passend für die folgende Schluchtstrecke bis Piedimulera. Freunde erzählten, daß die berüchtigte Umtragstelle unterhalb von Castiglione zumindest bei weniger Wasser einiges von ihrem Schrecken verliert. Doch bei der Erkundung mit dem Feldstecher von der Straße aus sehen wir bei unseren hohen Wasserständen keine Möglichkeit, zu umtragen. Warten auf später...

In Molini, an der schönen Madonna del Gruva, beginnt die »Grande Traversata delle Alpi«, kurz GTA genannt. Dieser Wanderweg durchzieht die ganzen piemontischen Alpen im großen Bogen bis zum Mittelmeer und weiter durch den Appenin. Es wurde versucht, ihn immer über bestehende, alte Pfade zu leiten. Auch für jene, die ihn nicht auf seiner ganzen Länge begehen wollen, ist die erste Etappe ab Molini sehr empfehlenswert. Sie führt uns durch das einsame Val Segnara mit seinen vielen Wasserfällen und weiter zum Rifugio auf der Alpe del Lago. Von dort kann man um die Punta dell Usciolo herum und hinüber nach Campello Monti in das Stronatal wandern.

Bleibt noch zu erwähnen, daß die Oloccia, jener Seitenbach, der von Bannio-Anzio kommend bei Pontegrande so verheißungsvoll aus einer tiefen Schlucht herausströmt, höchstwahrscheinlich nicht fahrbar ist. Jedenfalls nicht auf einer längeren Strecke. Dabei hat sie, dank ihres Ursprungs am Grenzkamm zum Valle Sermenza, gerade an Pfingsten oft so schön viel Wasser.

Es führt ein kleines Sträßchen von Bannio über Parcinetto hinunter nach Valpiana und dort zur Oloccia. Hier ist der Fluß hoffnungslos verbaut, hohe Geröllfänger hindern seinen Lauf, eine Planierraupe steht im Bachbett. Einzig der schöne Wasserfall des von rechts mündenden Rio Rosenza erfreut uns.

Nach dem letzten Fänger haben wir versucht, stromab kletternd in die Schlucht von Parcinetto hineinzugelangen. Die Eingangsstufe würde ja noch irgendwie gehen, doch gleich um die nächste Ecke erkennt man von oben ein gigantisches, tosendes Ding. Rechts und links davon senkrechte hohe Felswände: Ein Fall für Klammfüchse?

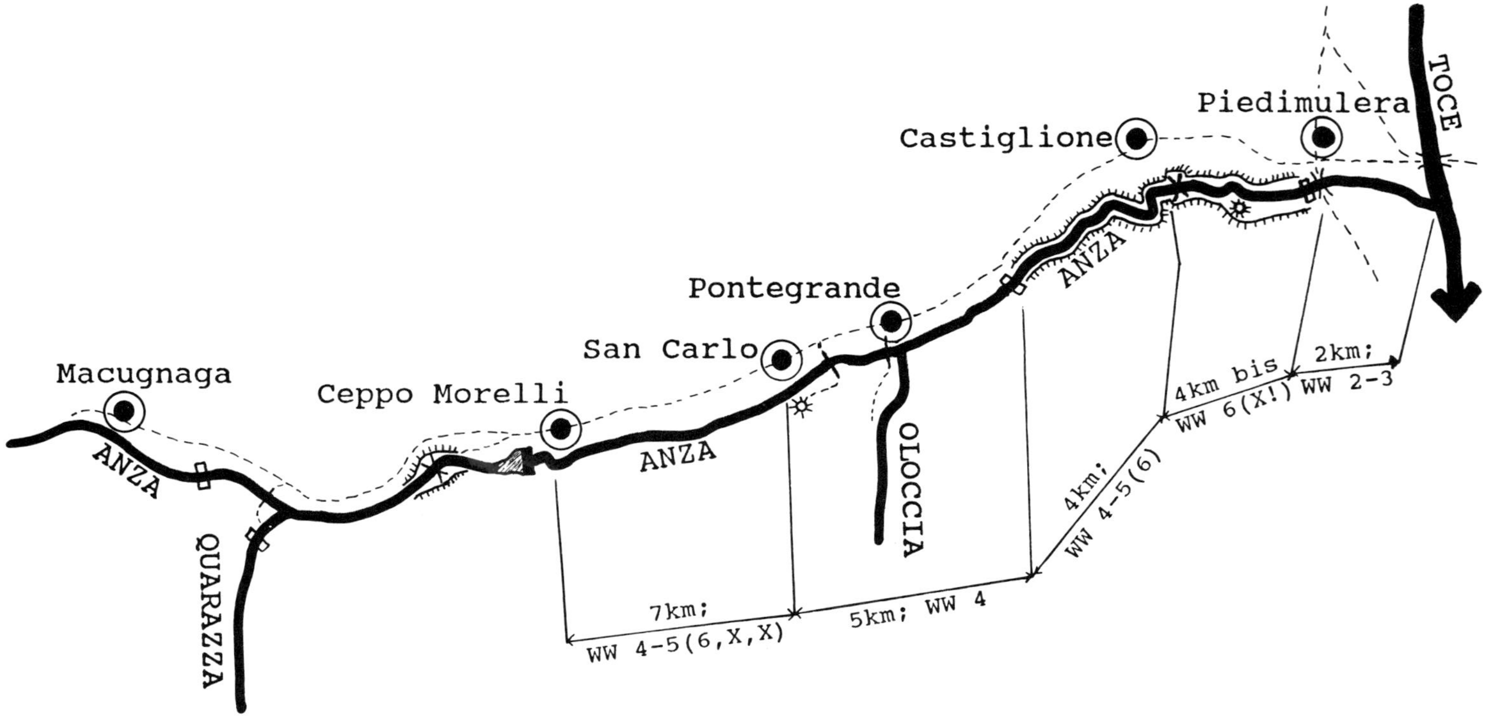

TOCE
Piedimulera
Castiglione
ANZA
Pontegrande
San Carlo
OLOCCIA
Ceppo Morelli
ANZA
Macugnaga
ANZA
QUARAZZA
2km; WW 2-3
4km bis WW 6(X!)
4km; WW 4-5(6)
5km; WW 4
7km; WW 4-5(6,X,X)

Überblickt Valle Anzasca

WILDWASSER

Anza

Oberlauf

Von Straßenende bis Stausee nicht empfehlenswert.

1. Etappe

Einsatz: Alte Steinbrücke in Ceppo Morelli.
Aussatz: Kraftwerk San Carlo.
Fahrstrecke: 7 km, 3 Stunden.
Charakter: Glattgeschliffene, große Felsen, dazwischen schöne Blockstrecken. In den Schlüsselstellen starkes Gefälle. Offene Schlucht.
Schwierigkeiten: WW4–5(6,X,X)
Befahrungszeit: Nur bei Überschußwasser aus dem Stausee, ideal sind 10 cbm/s.

2. Etappe

Einsatz: Am Kraftwerk.
Aussatz: Am Stauwehr in Molini.
Fahrstrecke: 5 km, 1,5 Stunden.
Charakter: Wuchtige Schwälle und lange Katarakte in offenem Tal.
Schwierigkeiten: WW4- mit vier Stellen WW4 + .
Besondere Gefahren: Zu hoher Wasserstand, rasche Strömungsgeschwindigkeit. Brückendurchfahrt in Pontegrande.
Befahrungszeit: Fast ganzjährig bei 8–40 cbm/s.

3. Etappe

Einsatz: Molini.
Aussatz: In Piedimulera.
Fahrstrecke: 8 km, mindestens 4 Stunden.
Charakter: Tiefe Schlucht mit senkrechten, oft mehrere hundert Meter hohen Felswänden.
Schwierigkeiten: WW6 mit langen Strecken um WW4. Anspruchsvolle Umtragstelle unterhalb Castiglione.
Besondere Gefahren: Zu hoher Wasserstand. Kaum Möglichkeiten, die Fahrt abzubrechen.
Befahrungszeit: Sommer.
Auto: Straße nur einmal in Castiglione erreichbar.

Unterlauf

Ab Piedimulera als alternative Einsatzstelle zur Befahrung des Toce empfehlenswert, 2 km WW2–3.

SCHLUCHTENKLETTERN

Durch die 1,5 km lange Klamm der Oloccia.

WANDERN

Von Molini auf den GTA. Von Mondelli 1118 m, oberhalb Ceppo Morelli über den Passo Mondelli 2839 m auf die Via dei Camosci. Im Valle Oloccia. Sehr schöne Überquerung am Lago di Baranca vorbei ins Mastallonetal. Dort steiler Gratabstieg. Verlassene Goldmine und Totenstadt »Citta Morta« im Seitental Valle Quarazzola. Ein vor dem Ausbau des Simplon vielbegangener Waliserweg
ist der mit großen Steinplatten ausgelegte Saumpfad auf den Passo Monte Moro.

SEHENSWERTES

Calasca:

Alte Milizia. Kirche Sant Antonio.

Bannio-Anzio:

Kapelle Madonna del Neve aus dem 17. Jh. mit Kreuzweg. Traditionelle Woche. Keltische Totenstadt, etruskische und römische Ausgrabungen.

Campioli:

Ehemalige Goldmine. Schlucht des Morghen.

Macugnaga:

Waliserhäuser aus dem 15. Jh. Kirche Chiesa Veccia. Dorfplatz mit Linde, die im 13. Jh. von Walisern aus Zermatt herübergebracht wurde. Casa Pala, das Schaufelhaus. Museo Storico in Staffa. Museo Casa Valser in Borca.

CAMPING

»Monte Rosa« in San Carlo direkt neben der Anza,
Telefon 0324/89207
»Sporting Center Testa« in Macugnaga, Telefon 0324/65489.

INFORMATION

IAT, Piazza Municipio, Macugnaga, Telefon 0324/65119.

Valle d'Antrona

In der Mausefalle Ovesca

Tief unter uns sehen Klemens und ich ab und zu Wasser glitzern. Schluchten, Klammen, fahrbar oder nicht? Wir fragen ein paar Kameraden vom Alpinen Kajak Club, die wir zufällig im Cafe an der Gran Plaza von Piedimulera sitzend, treffen.

«Ovesca?« Sie schütteln den Kopf. »Nie gehört.«

Wir lassen nicht locker. Da erinnert sich einer von ihnen:

«Ach doch, mir hat mal jemand erzählt, sie hätten rausgebukkelt wie die Tiere. Kommt, hockt euch doch zu uns. Wenn ihr wollt, könnt ihr nachher mit auf die Anza!«

Doch uns reizt das Unbekannte. Betreffs der Ovesca sind wir uns einig: Wer aus der Schlucht hinausknechten muß, ist zu bemitleiden. Dreihundert Höhenmeter sind es über steile, geröllige und vollkommen verwilderte Hänge, die so dicht bewachsen sind, daß wir vom Fluß nur hier und da mal ein paar Meter einsehen können. Man sieht dann selbstverständlich nicht die engsten Abschnitte, auf die es ja gerade ankommt.

So steigen wir erst einmal zu Fuß in die Schlucht hinab. Was man überblicken kann, sieht toll aus, doch man erkennt leider nicht viel. Wir fahren mit dem Auto zur möglichen Einsatzstelle, einer Straßenbrücke, der Bach hat hier oben knapp drei Kubikmeter Wasser. Wir stehen herum, schauen uns an. Zurückfahren oder...?

Schließlich gewinnt unser Optimismus, Klemens und ich laden die Boote ab und hinein geht es in die Schlucht!

Doch am Anfang schämen wir uns fast. Gerade so eben kratzen wir zwischen den Steinen hindurch, der Wasserstand ist absolut minimal, das Flußbett am Grunde der Schlucht noch breit.

Jedoch nach wenigen hundert Metern wird es eng, und schon kommt die erste unfahrbare Stelle. Das Wasser verschwindet in einem nicht einmal bootsbreiten Schlitz und windet sich ein paar Meter abwärts. Das Umtragen rechts auf den Felsplatten ist zum Glück ganz leicht.

Wir wollen gerade wieder einsteigen, da kommt ein Fischer angelaufen:

»Cascada, cascada!« Wir zucken die Achseln.

»Venti metri, venti metri!« Dabei fuchtelt er wild mit den Armen. Wohl zwanzig Meter flußab. Ich krame meine Italienischbrocken zusammen:

»Altituda?«

»Due metri.«

Na also, nur zwei Meter. Wir versprechen nachzuschauen. Von einem Absatz aus sieht man in einer scharfen Rechtskurve unter sich den Wasserfall. Zwei Meter hoch, das Unterwasser ist sauber. Also nichts wie in die Boote und hinab.

Doch hoppla: »Mamma Mia!« Da hat es mir beim Auftreffen im Tumpf doch tatsächlich den Helm vom Kopf gerissen. Ich schaue zurück. Oha! Der Fall ist gute fünf Meter hoch, wir hatten uns von oben völlig verschätzt. Da taucht Klemens auf und kommt zu mir ins Kehrwasser gefahren; wir staunen.

Bald darauf verschwindet der Bach in einer scharfen Rechtskurve. Wir erkunden. Eine Steilwandkurve mit anschließendem Viermeterfall, der in eine enge Klamm stürzt, nicht zu sichern und vielleicht nicht zu umtragen. Bei unserem Wasserstand ist die Befahrung ein Genußhupfer, bei mehr Wasser wird diese Stelle aber gefährlich und wegen zu starken Rücklaufs bedenklich. Vom Tumpf aus sieht man über der Engstelle eine Steinbrücke. Man sollte vor dem Fahrtantritt vom oberen Ortsende von Seppiana aus hierher laufen und schauen, ob die Stelle geht. In der genauen SBL-Landkarte ist die Neunziggrad-Rechtskurve mit Brücke eindeutig zu erkennen.

Weiter fahren wir in herrlicher, vollkommen einsamer Landschaft. Abermals verengt sich die Schlucht. Der Bach verschwindet über eine Kante. Anlanden, aussteigen, anschauen: Drei Wasserfälle, von denen der zweite an eine Felswand fällt und der dritte in einer Klamm verschwindet. Sie scheinen alle drei fahrbar, können aber nicht abgesichert werden. Jedenfalls nicht, wenn

Völlig überrascht wurden wir von diesem Wasserfall, hat er mir doch tatsächlich den Helm vom Kopf gerissen.

man nur zu zweit unterwegs ist.

Alles klar, umtragen. Nur wie? Rechts, links, überall ragen die Felsen fast senkrecht nach oben. Links scheint ein Pfad durch den Wald hinauf zu führen, ich steige voran, um zu erkunden. Ich krabble über lose Steine, die Löcher dazwischen sind unter Laub versteckt...

Plötzlich löst sich ein großer Fels und poltert hinab. Klemens ruft, ich soll aufpassen, er sei nur knapp an ihm vorbeigeflogen. Er hat gut reden, ich bin froh, wenn ich nicht mit hinabfalle. Nur in einem Gewaltakt könnte man die Boote hinaufwuchten.

Weiter flußab zieht sich ein senkrechtes Felsband von dem Klammausgang die Talflanke aufwärts. Von dort kommt man keinesfalls wieder hinab, zum Abseilen ist es viel zu hoch. »Hochbuckeln wie die Tiere«, fährt es mir durch den Kopf. Nun hat es uns endlich doch erwischt. Wir sind in der Falle. Dreihundert Höhenmeter mit einem über zwanzig Kilo schweren, sperrigen Boot auf der Schulter und das in diesem unwegsamen, steilen und vollkommen verwachsenen Gelände!

Da treffe ich auf Klemens. Er sagt, es ginge vielleicht zu umtragen. Und wirklich, dort an der linken Felswand ist es möglich, auf einen Felsbalkon unterhalb der drei Wasserfälle zu klettern. Angeseilt schleifen wir unsere Boote auf diesen kleinen Vorsprung. Wir befinden uns etwa zehn Meter über dem Bach, der unter uns ruhig und tief durch die Klamm strömt.

Ich seile Klemens noch drei Meter ab, die restlichen sieben Meter springt er. Dann schwimmt er auf die nächste Kiesbank. Das erste Boot seile ich an, werfe erst das Seil ins Wasser und das Boot hinterher. Es poltert laut, schnell greift Klemens nach dem vorbeitreibenden Seil, steigt wieder aus dem Wasser und zieht das vollgeschlagene Boot an Land. Das zweite Kajak folgt, dann die Paddel. Ich sehe mich noch einmal um, ob nichts liegengeblieben ist. Erst dann springe ich nach. Es gibt kein Zurück!

Lachend zieht mich Klemens ans Ufer. Wir haben dem Schicksal noch einmal ein Schnippchen geschlagen, sind noch einmal davongekommen.

Später öffnet sich die Schlucht. Wir sind am oberen acht Meter hohen Wehr von Villadossola. Nach diesem Hupfer erreichen wir froh und ausgepumpt die Straßenbrücke in der Ortsmitte. Wir haben es geschafft! Es ist einer jener Tage, die ich nie vergessen werde.

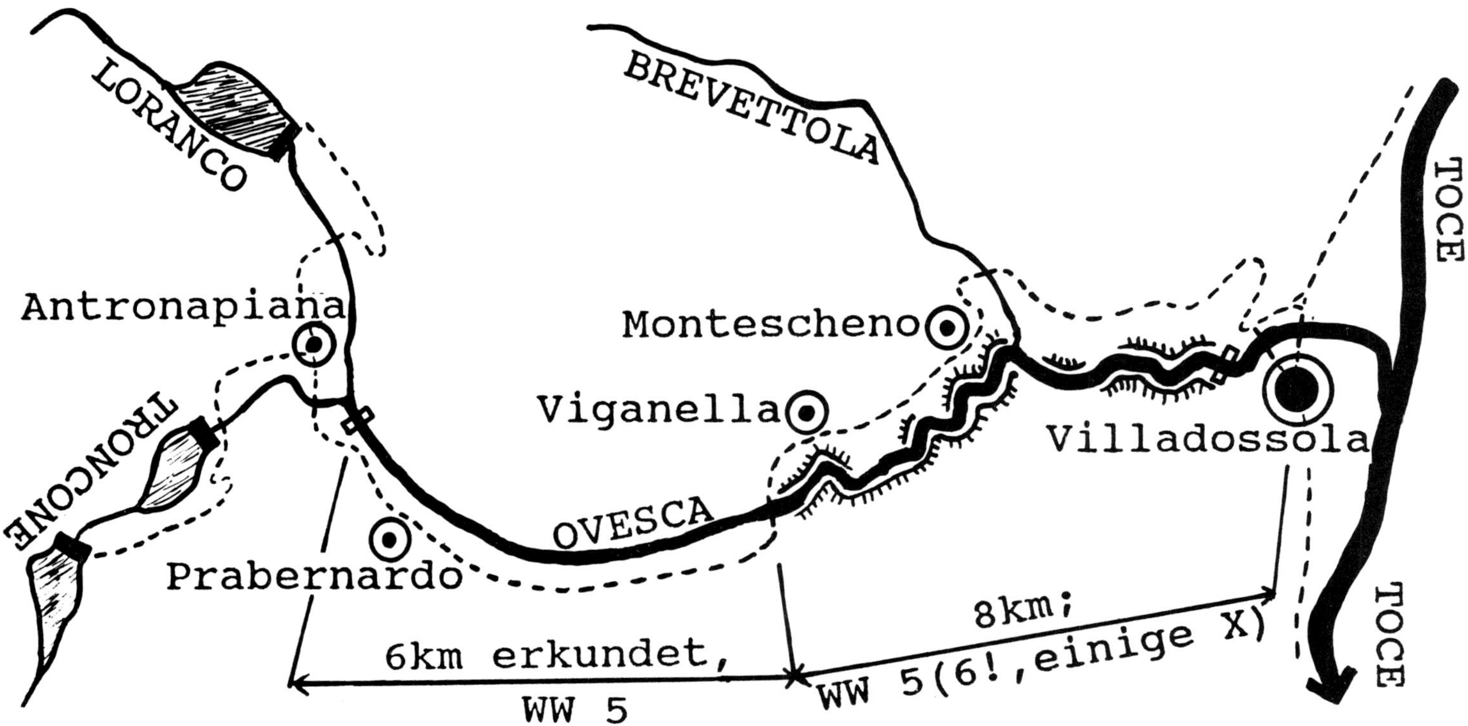
LORANCO
BREVETTOLA
TOCE
Antronapiana
Montescheno
Viganella
Villadossola
TRONCONE
OVESCA
Prabernardo
8km;
WW 5(6!,einige X)
6km erkundet,
WW 5
TOCE

Überblick Valle Antrona

WILDWASSER

Ovesca

Oberlauf, nur erkundet.

Einsatz: Kraftwerk am Zusammenfluß der beiden Quellbäche.
Aussatz: Brücke der Hauptstraße nahe Viganella.
Fahrstrecke: 5,5 km.
Charakter: Offenes Flußbett mit großzügiger Verblockung.
Schwierigkeiten: Um WW5.
Befahrungszeit: Benötigt viel Wasser. Nur möglich, wenn die Stauseen überlaufen.
Auto: Fluß neben der Straße.

Untere Schlucht
Einsatz: Straßenbrücke.
Aussatz: In Villadossola.
Fahrstrecke: 8 km, mindestens 4 Stunden.
Charakter: Tiefe Schlucht mit mehreren kurzen Klammen.
Schwierigkeiten: Schwer zu beurteilen, da die Schlüsselstelle unter dem Steg von Seppiana extrem wasserstandsabhängig ist. WW5 sollte beherrscht werden. Viele kurze Umtragstellen.
Besondere Gefahren: Schlüsselstelle unbedingt vorher besichtigen.
Befahrungszeit: Ostern.
Auto: Straße nur nach mehreren, anstrengenden Stunden erreichbar.

Troncone
Bei ausreichend Wasser wäre auch der Troncone in der Schlucht um Antronapiana fahrbar. Steiles Geröllbett.

SCHLUCHTENKLETTERN

Durch die untere Schlucht von der Straßenbrücke bis nach Villadossola. Sehr lohnend, liegt oft schon ab Pfingsten trocken.

WANDERN

Der Lago di Antrona ist am 27. Juli 1642 durch einen gewaltigen Bergsturz von der Cima Pozzuli entstanden. Am See schöne Spaziergänge möglich.

SEHENSWERTES

Viganella-Seppiana:

Kirche Sant Ambrogio, 11. Jh. Am 6. Januar alljährliche Vorstellung von Gelindo: lebende Krippe. Traditionelle Metallverarbeitung. Ehemalige Bergwerke.

Prabernardo:
Aufgelassene Goldmine unterhalb der Laghi di Trivera.

Antronapiana:
Alte Häuser und Trachten der Einwohner sind schön und ohne ein gekünsteltes touristisches Image. Gemeindekirche San Lorenzo. Ausstellungen des örtlichen Kulturvereines »Sas Cultura«.

INFORMATION

Bürgermeisteramt Antrona-Schieranco.
Pro Loco di Antronapiana.

Valle Divedro

Diveria

Die Diveria ist uns seit langem ein Begriff. Einige Male standen wir schon davor, trotz idealer Wasserstände haben wir uns nie zu einer Befahrung aufraffen können. Verglichen mit den nicht weit entfernten Traumflüssen schien sie uns nicht besonders reizvoll.

Wir haben den Ehrgeiz, das vorliegende Gebiet soweit irgend möglich vollständig zu beschreiben. Es ist verantwortungslos, Etappen zu bewerten, die man nicht selbst gefahren ist, ohne dies ausdrücklich im Text klarzustellen. Man muß Wildwasser einfach »erfahren«, um sie kennen zu lernen. So kommen wir in unserem »Arbeitsurlaub« wohl oder übel auch an die Diveria. Wir sollten es nicht bereuen...

Die Sonne lacht vom tiefblauen Himmel auf uns herab, als wir zwischen der italienischen und der Schweizer Zollstation in die Boote steigen. Schon nach wenigen hundert Metern wird mir klar, daß wir uns mit unserem oberflächlichen Urteil getäuscht haben. Das Wasser ist glasklar, in den tiefen Tümpfen schweben wir über den Grund, gleiten eine mächtige Stromzunge hinab, bis ihre Kraft gebrochen wird und wir in der Gischt untertauchen. Die Diveria trägt uns zwischen hohen Felswänden dahin, rechtsufrig ragen sie steil und glatt aus dem Flußbett gen Himmel. Über eine Kante stürzt von oben ein Wasserfall zu uns herab. Riesige, rundgespülte Steine glänzen hell. Wir sind begeistert.

Die benachbarte Straße nehmen wir kaum wahr. Gleich zu Anfang erfordern schwerste Stellen unsere volle Konzentration. Auch wenn man erst unterhalb des Schildes »6 km Hotel Gaby« einsteigt, darf man sich keine Illusionen machen über die zu erwartenden Schwierigkeiten. Wasserwucht, unübersichtliche Durchfahrten und hohe Strömungsgeschwindigkeit erfordern ein

Eine Diveriabefahrung ist gespickt mit Schwierigkeiten aller Art und auf alle Fälle lohnender, als es von der Straße aus den Anschein hat.

ständiges Anhalten und Vorauslaufen. Sei es, um dem Freund die richtige Durchfahrt zu zeigen oder, was besser ist, um die Stellen abzusichern.

Erst ab einem kleinen Fallwehr können längere Passagen auf Sicht gefahren werden. Achtung auf eine Röhrenbrücke, die als Zufahrt für einen rechtsufrigen Steinbruch dient. Derartige Hindernisse verändern sich nach jedem Hochwasser!

Nach dem Umtragen stürzt ein längerer, sehr schwerer Katarakt in eine kurze, offene Klamm. Die Straße verläuft hier durch einen Tunnel. Locker liegen die großen Felsen umher, manche sind stark unterspült, und zudem hat sich Treibholz verkeilt.

Weiter geht es im Galopp über einige unproblematische Schwälle, von links donnert aus einem Kraftwerk ein satter Strahl Zuschußwasser herunter. Auf den nächsten paar Kilometern kommt Fahrspaß auf, im wunderschönen, offenen Wuchtwasser vergeht die Strecke bis zum Wehr im Fluge. Viel zu schnell kommen wir an...

Das Wehr entzieht einen Teil des Wassers. Das ist gar nicht schlecht, es folgen gleich danach jene Stufenkombinationen, die uns schon bei der Anfahrt vor Schrecken das Blut in den Adern gefrieren ließen.

Am Wehr gelangt man bequem zur Straße hinauf und kann sich das Ganze von dort aus anschauen. Bei nicht zu hohen Wasserständen ist alles fahrbar, doch selbst bei idealen Wasserständen bleiben diese beiden Abfälle ein glatter »Sechser«.

Leider zwackt uns das darauffolgende Wehr alles Naß ab. Mit dem Wasser der Cairasca, die bis hier bei Vollast immerhin fünfzig Megawatt liefert, verschwindet es in einer dicken Röhre. Erst ganz unten, bei Premosello im Tocetal, darf es wieder in sein natürliches Bett zurück.

Ein Angestellter des Kraftwerks erklärt uns mit lakonischer Stimme, daß die Kapazität erweitert werden soll. In sieben Tagen erschuf Gott die Welt, in sieben Jahren wird der Mensch dieses letzte Stück der Diveria in eine trockene Steinwüste verwandelt haben. Es bleibt uns noch ein wenig Zeit...

Trockene Kiesbänke gibt es im Diveriatal genügend zu besichtigen. Gleich nach ihrem Ursprung am Simplonpaß als Chrummbach wird sie abgeleitet. Die Zuflüsse aus dem Rosenbodengletscher, der in einem sehenswerten Eisabbruch vom Fletschhorn herabstürzt, fängt ein Stauwehr oberhalb Gabi auf. Ab der Mündung der Laggina von rechts wäre die Diveria bis vor den Tunnel der alten Paßtraße auf drei Kilometern fahrbar. Danach staubt sie durch die enge, sehenswerte Gondoschlucht. Einziges Manko: das Wasser. Auch die Laggina ist abgeleitet.

Sogar die wunderschöne, lange Strecke von Varzo bis zur Mündung ist trockengelegt. Was uns bleibt, ist die Hoffnung auf Regen oder Hochschmelze.

Grosswasser

Ein seltsamer Name ist das. »Grosswasser« oder »Grosses Wasser« nannte man dich, wann wirst du ihm heute noch gerecht? Man hat dich in den Berg verbannt!

In Gondo, gleich nach dem Grenzübertritt in die Schweiz, biegen wir im Diveriatal von der Simplonpaßstraße ab. Mühsam quält sich unser Auto durch zehn enge Kurven empor, was haben Bootfahrer hier oben an der steilen Bergwand nur zu suchen?

Nach der letzten Serpentine öffnet sich vor uns das Zwischbergental. Es wurde von den gewaltigen Gletschern der Eiszeit geprägt, jetzt liegt nur noch ein klägliches Restchen ewiges Eis im Talschluß. Doch aus diesem Rest entspringt der Grosswasser, der hier oben Zwischbergenbach heißt. Eine kurze Strecke über die Gemeinalpe darf er frei fließen, dann macht ein Stausee ihn zum Keinwasser.

Frei strömen darf der Fluß erst wieder, nachdem er das Turbinenhäuschen verlassen hat. Und genau dort können wir einbooten. Es macht großen Spaß, die drei Kilometer lange Schußfahrt zum nächsten Stausee abzureiten. Die Schwierigkeiten sind um Wildwasser vier, die Kehrwasser sehr rar und die Schwälle so übersichtlich, daß man kaum einmal aus dem Boot heraus muß. Dickes Moos hängt an den Steinen, sogar bei wenig Wasser kratzt es kaum. Noch mehr Spaß macht es selbstverständlich bei viel mehr Wasser.

Die Ankunft im nächsten Stausee beruhigt, zur Not kann man davontreibende Sachen dort unterhalb des Einlaufwehres einsammeln. So läßt sich dieser Abschnitt auch noch bei sehr hohen Wasserständen wagen.

Hat man dann einmal das Glück, daß an der Staumauer etwas Wasser abgelassen wird, kann man die zweite Etappe bis kurz vor die Mündung probieren. Selbst unter idealen Voraussetzungen muß man unbedingt aufpassen. Dies ist, wenn überhaupt fahrbar, schwerstes Wildwasser an der Grenze der Befahrbarkeit. Wir hatten leider noch nicht die Gelegenheit, es zu versuchen, nie war der Wasserstand ausreichend. Einige der bis über zehn Meter hohen Wasserfälle sehen fahrbar aus. Aber wenn man dann

Ein kurzer, schneller Ritt auf dem Großwasser.

tatsächlich davorsteht und zu entscheiden hat, ob oder ob nicht, ist das nicht mehr so eindeutig.

Rechtzeitig aussteigen vor den gewaltigen Rutschen an der Mündung muß man auf alle Fälle, um nicht plötzlich in die über hundertfünfzig Meter weiter unten fließende Diveria gerissen zu werden. Da ist es von Vorteil, daß die Straße immer unweit vom Bach verläuft. So kann man schon beim Hinauffahren anhalten und genauer hinsehen. Vielleicht läßt man es dann doch bleiben und fährt weiter zur oberen Teilstrecke…

Sehenswert sind die Mündungsfälle. Der Grosswasserbach überwindet eine hohe Talstufe aus Granit, über die sein Gletscher einst mit dem Divedrogletscher zusammenströmte. Nach seinem

Rückzug hat es das Wasser nicht geschafft, sich in den harten Fels einzugraben. Es ist ein beeindruckendes Schauspiel und jeder Gedanke an Bootfahren absurd.

Mit etwas Klettererfahrung gelangt man hier an ein Naturwunder. Das Becken, in das einer der Wasserfälle hinabstürzt, wurde mit der Zeit so tief ausgespült, daß der Fels unterhalb der Kante des nächsten Falles durchbrach. Nun ist der obere Fall doppelt so hoch. Geheimnisvoll türkis glitzert das klare Wasser in seinem tiefen, dunklen Tumpf. Von einem Ufer zum anderen überspannt ihn quer eine natürlich entstandene Brücke aus festem Granit.

Cairasca

Östlich des über dreieinhalbtausend Meter hohen Monte Leone entspringt die Cairasca. Sie entwässert den weiten Talkessel der Alpe Veglia. Der Zugang ist schwierig, die lange Abgeschlossenheit und das strenge Klima haben es der Zivilisation nicht gestattet, in die Natur einzugreifen. Inzwischen ist das gesamte viertau-

Blick in die oberste, wahrscheinlich nie zu bezwingende Schlucht der Cairasca.

send Hektar große Gebiet ihres Ursprungs zum Naturpark erklärt worden.

Doch selbst ein Naturschutzgebiet stört die stromproduzierende Industrie wenig. Ein Stausee weit oben direkt unter der Südostwand des Monte Leone wirft unangenehme Fragen auf.

Bis zur Mündung in die Diveria bei Varzo durchströmt die Cairasca drei ausgeprägte Schluchten. In der ersten fällt sie fünfhundert Höhenmeter auf zwei Kilometern. Die Landschaft ist ähnlich den Lechschluchten, auch hier liegen noch selbst im Spätsommer Lawinenreste über dem Fluß. Dort, wo sich das Tal wieder öffnet, stürzt die Cairasca in sehenswerten, völlig unfahrbaren Kaskaden hinab.

Unterhalb der Wasserfälle liegt die Alpe Nembro.

Nachdem sie die Alm friedlich durchströmt hat, gräbt sich die Cairasca eine zweite Schlucht. Weit oben auf einer Hangterrasse liegt das Dorf San Domenico. Es hat durch ein kleines Skigebiet an den Westhängen des Pizzo Diei bescheidene touristische Bedeutung erlangt. Zwei Sessellifte verkürzen den Anstieg zur Alpe Ciamporino. Hier oben entdeckten wir ein ideales Gleitschirm- Fluggebiet. Bei guter Thermik ist sogar ein fast zwanzig Kilometer langer Streckenflug über den Pizzo Diei bis hinab nach Domodossola möglich.

Bald nach dem Schluchtausgang befindet sich ein kleiner Stausee. Er leitet alles Wasser ab, so daß die lange Mündungsschlucht nach Varzo hinunter trocken liegt.

Bislang war für uns Wildwasserfahrer der Durchlauf der Cairasca zwischen Alpe Nembro und dieser Ableitung selbst im Sommer ausreichend. In der Schlucht hinter San Domenico findet der Extrembootfahrer die Grenze dessen, was mit dem Kajak machbar ist. Das Gefälle ist so enorm, daß sich kaum noch Kehrwasser bilden. Mehrere hohe Rutschen und Steilzonen erfordern höchstes Fahrkönnen und schnellste Reaktionen. Hervorragend schön ist ein zehn Meter hoher Schleierfall.

Diese wird durch Donnern erfüllt. Steine fliegen durch die Luft, Bauschutt bedeckt die herrlichen Orchideenwiesen, die Felswände neben der Cairasca sind aufgerissen. Als wir nachfragen, erzählt man uns, daß dort ein neues Wasserkraftwerk gebaut wird.

Gert in seinem Lieblingselement.

Die Sprengungsarbeiten für die Druckröhre sind in vollem Gange. Der Schleierfall ist mit scharfkantigem Geröll verlegt. Ab den Kaskaden am Ausgang der oberen Schlucht bei Alpe Nembro wird der Cairasca das Wasser abgegraben.

Uns bleiben nur noch die letzten anderthalb Kilometer dieser zweiten Schlucht. Es ist eine lächerlich kurze Etappe, die es aber gewaltig in sich hat. In einem steilen Geröllbett rauscht der Bach in atemberaubendem Tempo hinab. Jeden Meter gilt es zu erarbeiten, kleinste Kehrwasser müssen sicher getroffen werden. Die Stufen sind bis zu drei Meter hoch, dauernd muß man aussteigen und besichtigen. Wir konnten alles befahren und brauchten dafür volle drei Stunden.

Unsere Empfindungen nach der geglückten Befahrung zu zweit sind grundverschieden: Ich bin begeistert von diesem supersteilen Extrembach, Klemens behält die Cairasca als steckgefährlichen Anti-Bach in Erinnerung, auf dem man jede Freude am Wildwasserfahren verliert.

Wer sich ein eigenes Urteil über die Cairasca bilden will, der muß sich beeilen, denn das Kraftwerk wird bald fertiggestellt.

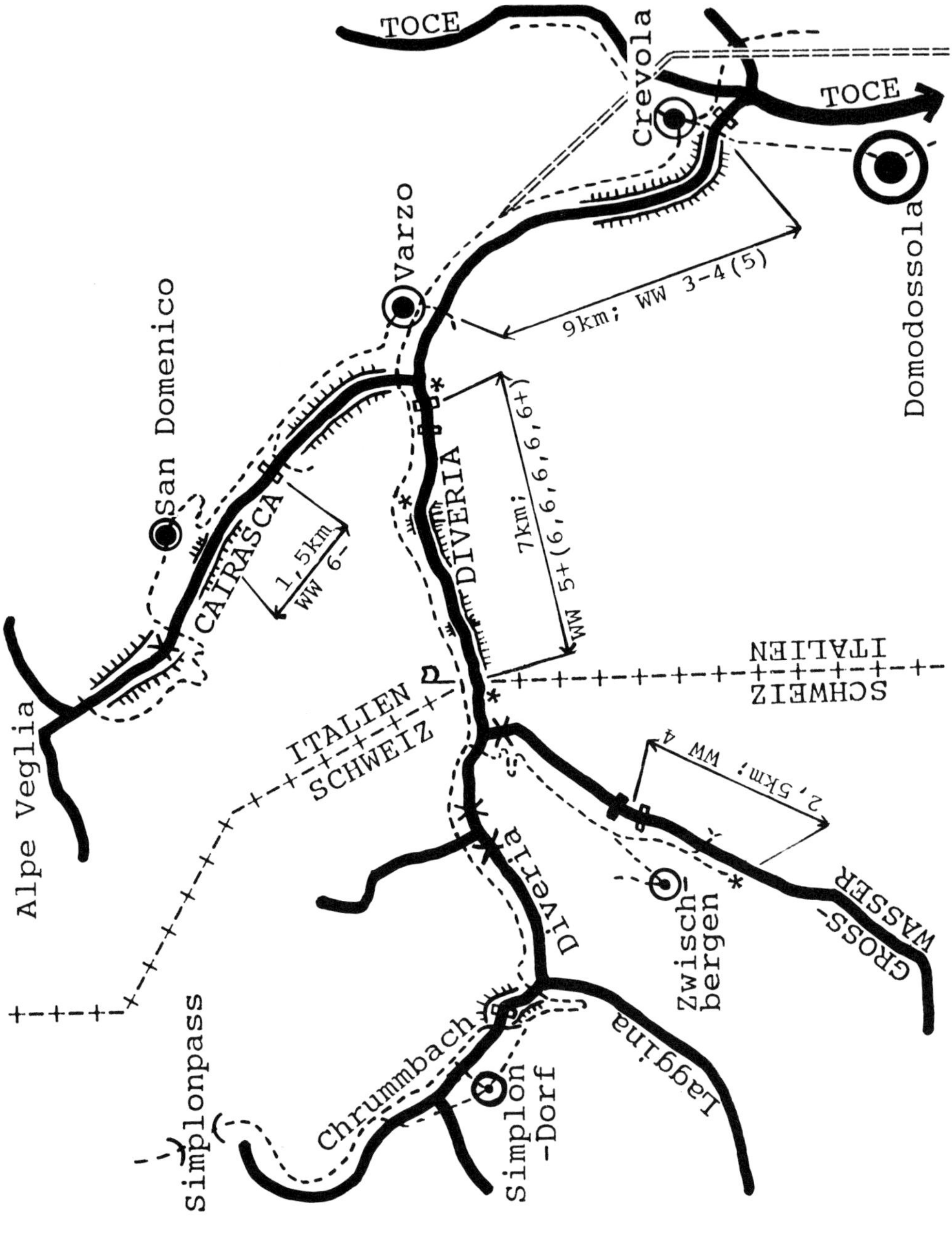
TOCE
TOCE
Crevola
Domodossola
Varzo
9km; WW 3-4(5)
San Domenico
CAIRASCA
1,5km WW 6-
DIVERIA
7km; WW 5+(6,6,6,6,6+)
ITALIEN
SCHWEIZ
ITALIEN
SCHWEIZ
Alpe Veglia
2,5km; WW 4
GROSS-WASSER
Zwischbergen
Diveria
Laggina
Chrummbach
Simplon-Dorf
Simplonpass

Überblick Valle Divedro

WILDWASSER

Diveria

Oberlauf, nur erkundet:

Von der Mündung der Laggina bis vor den Tunnel der alten Paßstraße, um WW4.

Standardstrecke
Einsatz: An der mittleren Zollstation oberhalb des Schildes »6 km Hotel Gaby«.
Aussatz: Am ersten Schrägwehr mit Wasserableitung oder 500 m später am nächsten Wehr mit meist vollständigem Wasserentzug.
Fahrstrecke: 7 km, 3 Stunden.
Charakter: Wuchtiger, glasklarer Wildfluß. Steile, unübersichtliche Katarakte zwischen großen, glattgeschliffenen Granitblöcken.
Schwierigkeiten: Gleich am Start WW6. Nach dem Schild fallend auf 5+ mit drei Stellen WW6. Dann leichter bis zum ersten Schrägwehr. Dort auf den 500 m zwischen den Wehren zwei hohe Abfälle, WW6+. Insgesamt schwerer als untere Ruetzschlucht.
Besondere Gefahren: Zu hoher Wasserstand. Große Strömungsgeschwindigkeit.
Befahrungszeit: Bis einschließlich Sommer.

Untere Schlucht nach Auskunft italienischer Kanuten:
Einsatz: Brücke in Varzo-Molino.
Aussatz: Rechtzeitig vor dem neuen Wehr in Crevola.
Fahrstrecke: 9 km, 3 Stunden.
Charakter: Superfluß mit großer Verblockung und Wasserwucht.
Schwierigkeiten: WW3–4 mit Stellen WW5.
Besondere Gefahren: Katarakt an der alten Natursteinbrücke. Bauarbeiten am rechten Ufer.
Befahrungszeit: Juni und Juli, wenn das Kraftwerk in Varzo Überschußwasser abläßt.
Auto: Straße ab der Eisenbahnbrücke nicht mehr erreichbar.

Cairasca

1. Schlucht

Von der Alpe Veglia bis vor die Kaskaden sehr eng mit steilen, steinigen Abstürzen. Unfahrbar.

2. Schlucht

Auf der ersten Hälfte Baustelle.

Einsatz: An der zweiten Serpentine 1,5 km oberhalb des kleinen Stausees. Neben steilem Geröllhang hinabtragen und noch ein Stück den Fluß hinauf.
Aussatz: Im Stau, links.
Fahrstrecke: 1,5 km, 3 Stunden.
Charakter: Steiltreppe in offener Schlucht. Kleinere Abstürze. Wunderschöne Landschaft, glasklares Wasser.
Schwierigkeiten: Steiler als Calasima, WW6-, alles fahrbar.
Besondere Gefahren: Jeder Meter muß angesehen werden. Steck- und Verklemmgefahr. Wenig Kehrwässer.
Befahrungszeit: Ideal sind 5 cbm/sec.

Untere Schlucht

Könnte bei Überschußwasser gehen.

Grosswasser

Einsatz: Am Kraftwerk. Der letzte Kilometer der Fahrstraße ist gesperrt.
Aussatz: Im Stausee.
Fahrstrecke: 2,5 km, knapp eine Stunde.
Charakter: Offener Wildfluß in schönem Lärchenwald.
Schwierigkeiten: Leichter als obere Venter Ache, WW4.
Besondere Gefahren: Wenig Kehrwasser.
Befahrungszeit: Vermutlich ganzjährig bei Wasserablaß. Auch noch bei sehr viel Wasser möglich.
Bei Überschußwasser kann man die Etappe ab dem Stausee probieren, WW 6,7 und X.

SCHLUCHTENKLETTERN

Die oberste Schlucht der Cairasca ist vermutlich nie gangbar, da immer zu hoher Wasserdurchlauf. Dafür liegt die untere Schlucht trocken. Am besten, man steigt von Varzo aus hinauf. In der westlichen Schluchtwand schöne Plattenklettereien.

SEHENSWERTES

Varzo:
Kirche San Giorgio 11.Jh.

Gondo:
Natürliche Felsbrücke über den Grosswasser-Bach.

Naturpark Alpe Veglia:
Weiter, von Gletschern ausgeschürfter Talkessel. Große Findlinge und Möränenhügel. Kleine, natürliche Seen. Schneehühner, Schneehase, Murmeltier und Kolkrabe.

INFORMATION

Bürgermeisteramt Simplon-Dorf.
Bürgermeisteramt Varzo.

Valle Devero

Devero

Den Devero haben wir schon vor längerer Zeit von der Straße aus erkundet. Doch erst kürzlich gelang uns die Befahrung einer unteren Teilstrecke.

Er durchfließt ein sehr reizvolles Tal. Mit dem Auto kommt man bis nach Goglio hinauf. Dort endet die asphaltierte Straße in dem nicht besonders schmucken, aber typischen oberitalienischen Dorf.

Früher einmal stürzten hier die Quellbäche des Devero in gewaltigen Wasserfällen von den steilen Berghängen herunter. Heute leiten hoch gelegene Stauseen das Wasser ab. Der Talkessel ist seiner ursprünglichen, wilden und dramatischen Szenerie beraubt worden. Eine Seilbahn führt hinauf in die weite Talmuschel der Alpe Devero. Dort findet man ein ideales Gelände zum Gleitschirmfliegen, die umliegenden bis über dreitausend Meter hohen Gipfel sind für mehrtägige Berg- und Skitouren geeignet.

Zu Zeiten hohen Wasserandranges, wenn die kleineren noch nicht abgeleiteten Seitenbäche genügend Wasser zusammenführen, kann man die drei Kilometer lange Etappe zwischen Goglio und Croveo mit dem Wildwasserkajak versuchen.

Die Landschaft ist wunderschön, wie ein »U« ist das Tal von Gletschern ausgeschliffen. Zu beiden Seiten ragen hohe Felswände senkrecht in den Himmel. Ein Wasserfall staubt von weit oben über die Kante, weiß glänzt seine Gischt vor der Sonne. Die kleine Straße verläuft direkt neben dem Fluß. Mehrere Brücken gestatten verlockende Einblicke. Gleich unterhalb Goglio hat der Devero ein ganz enormes Gefälle, die Durchfahrten sind eng und völlig unübersichtlich. Schnell, steil und verblockt geht es bis zur Straßenbrücke am westlichen Ortsende von Croveo. Gleich darauf muß man ausbooten. Es folgt eine supersteile Schlucht mit

Die Bergbauern benutzen traditionelle Hutten für Transporte aller Art.

über fünfzehn Meter hohen Wasserfällen. Danach beruhigt sich der Fluß auf einem knappen Kilometer.

Plötzlich entschwindet der Devero nach unten in eine Klamm. Von der Straßenbrücke bei Baceno sehen wir sie uns genau an, es graust mich. Die Klamm ist hauteng, der Eingangswasserfall stürzt in einen Siphon.

Gleich unterhalb der Straßenbrücke führt orografisch rechts ein kleiner Anglerpfad zum Klammausgang. Dort ist es möglich, einzusteigen.

Bis zur Mündung in den Toce ist es nur ein Kilometer weit durch eine großartige Schlucht. Ich erhoffe mir noch eine nette Fahrt. Der erste Abfall drückt mich in eine Kerze, es kommt Freude auf.

Genau zwei Kurven weit fahre ich auf unbeschwertem Wildwasser. Da versperren plötzlich riesige Felsen den Fluß. Das Wasser verschwindet in einem Schlund, unterirdisch fließt der Devero weiter. Zum Glück bin ich nicht unter der ersten Felsplatte hindurchgefahren, dahinter kommt man nicht mehr heraus. Hier bei mir, vor dem ersten Siphon, geht es gerade noch. Links zerre und schiebe ich mein Boot zwanzig Minuten lang durch den steilen Urwald, dann kann ich wieder einbooten.

Die weitere Fahrt ist einfach und schön, doch viel zu kurz für die Plackerei vorher. Nach wenigen Minuten gleite ich unter einer großen, elegant geschwungenen Natursteinbrücke hindurch, das Schluchtende ist erreicht. Im weiten Bogen geht es dem Toce entgegen, direkt vor der Mündung muß noch eine Röhrenbrücke umhoben werden. An dem Kraftwerk nach dem Zusammenfluß steige ich aus.

Ob ich nochmal fahren würde? Vielleicht, aber nicht jetzt.

Ein Tip für jene, die sich nicht zu der beschwerlichen Befahrung aufraffen können: Die farbigen Bildstöcke an der Straße hinter Crevero sind sehenswert.

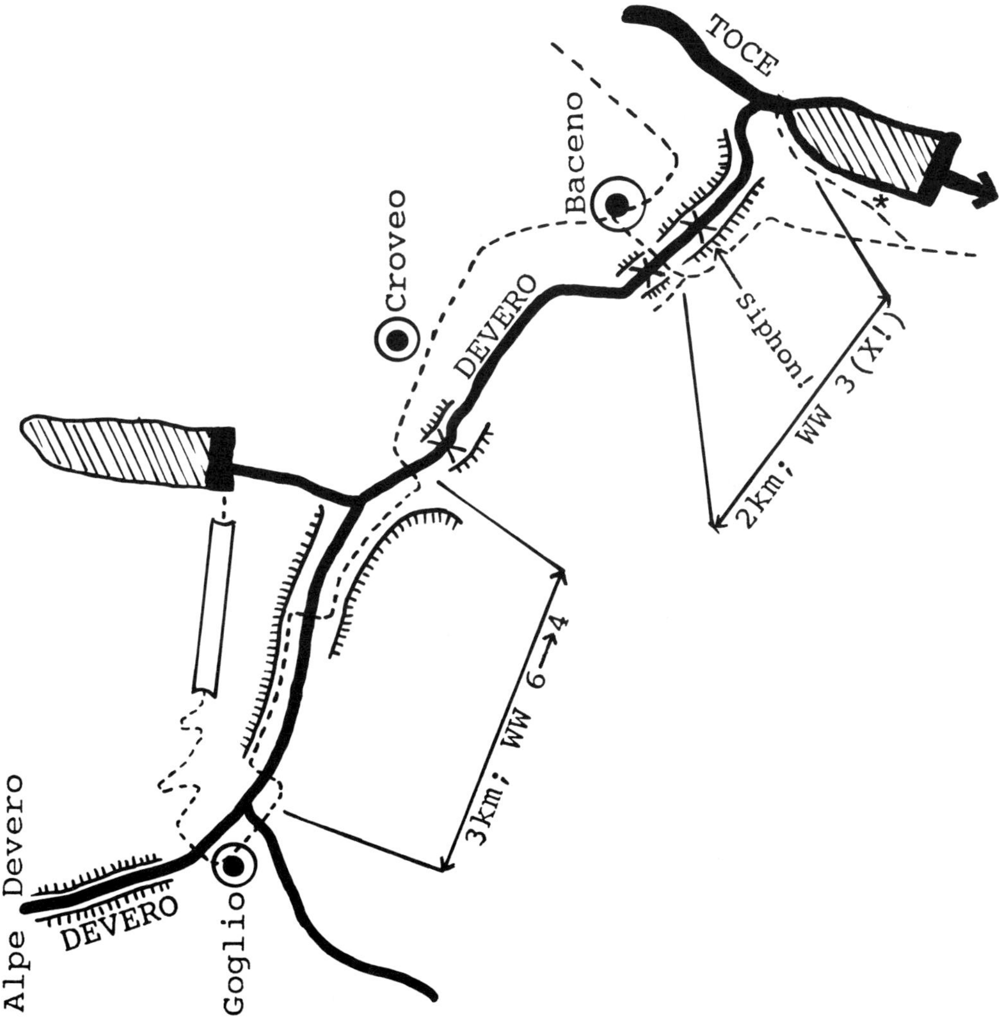
TOCE
Baceno
Croveo
DEVERO
siphon!
2km; WW 3 (X!)
3km; WW 6→4
Alpe Devero
Goglio
DEVERO

Valstrona

Strona

Klein und versteckt ist sie gelegen, die Strona. Zwischen dem großen Tocetal im Norden und dem herrlichen Sesiatal im Süden könnte man sie beinahe übersehen. Doch das wäre ein Fehler!

Die Strona ist ein Wildbach der Superlative. Nicht nur, daß man von Campello Monti bis Gravellona Toce achtundzwanzig Kilometer schweres und schwerstes Wildwasser findet, es gilt auch über eintausendeinhundert Höhenmeter auf dieser Strecke mit dem Kajak zu bewältigen.

Hat man erst einmal angebissen, wird das Unternehmen Strona, idealer Wasserstand vorausgesetzt, zu einem sehr langen, anstrengenden aber eindrucksvollen und überaus lohnenden Abenteuer. Mindestens drei Tage braucht man allein für die dreiundzwanzig Kilometer lange Standardstrecke. Dazu kommt je nach Lust und Können der Oberlauf, für den man sich weitere zwei Tage Zeit lassen sollte.

Eine Wanderung von Campello Monti zum Lago di Capezzone, aus dem die Strona entspringt, rundet das Erlebnis ab. Doch halt, waren da nicht noch ein paar Wasserfälle neben dem Wanderweg? Sehr hoch, sehr fotogen, sehr fahrbar... also kurzentschlossen das Boot auf die Schulter, Fotoapparat mitnehmen und hinauf!

Ehe man sich versieht, ist man eine ganze Woche im Stronatal unterwegs, eine Woche voll von fantastischem Wildwasser, wunderschönen Landschaftserlebnissen, Urigkeit und Gastfreundschaft der Bewohner und, nicht zuletzt, der Einsamkeit, die man in den italienischen Alpen immer wieder findet.

So ist es uns einmal passiert, daß wir, gerade am Einsatz auf die autoumstellenden Freunde wartend, von einem alten Anwohner zu einem Umtrunk eingeladen wurden. Nicht zu irgendeinem Fusel, wie das Etikett fälschlicherweise suggerierte. Nein, zu einem original Stronatäler Nostrano, der von einem Freund nur für den privaten Genuß angebaut wird. Das war ein Tropfen! Dabei erzählte er uns begeistert, wie viele Programme er mit seinem neuen deutschen Qualitätsfarbfernseher empfangen kann, von seinen Kindern, die fortgezogen sind und seiner Frau, die vor ein paar Jahren starb. Jetzt lebt er ganz allein...

Ein anderes Mal regnete es in Strömen. Freundliche Dorfbewohner luden uns zum Übernachten in ihre Flötenfabrik ein. Selbstverständlich ohne das sonst übliche Lagerfeuer am Abend, trotzdem wurde die Stimmung schön. Sie verrieten uns den Zugang zu einer versteckten Höhle.

Mit Trockenanzug und Stirnlampe verbrachten wir den nächsten Tag tief im Berg, die unterirdischen Zuflüsse der Strona

Gert beim Erkunden eines unterirdischen Seitenbaches der Strona.

erkundend. In den Blockflöten, die wir uns im Anschluß daran als Andenken gekauft haben, schwingt etwas mit vom Klang der dunklen Höhle im Granit.

Strona-Oberlauf

Der Oberlauf der Strona ist nur etwas für den eingefleischten Extrembootfahrer. Der Höhenunterschied der fünf Kilometer langen »Flugstrecke« von Campello Monti bis zur Brücke von Forno beträgt fünfhundert Höhenmeter. Das entspricht einem Durchschnittsgefälle von hundert Promille, und das sagt schon fast alles über diese Etappe aus. Es geht dort so höllisch hinunter, daß man auf den ersten Blick von der Unfahrbarkeit dieser Etappe überzeugt ist.

Schaut man genauer hin, so bemerkt man, daß die Strona meist über Grundgestein von Tumpf zu Tumpf hüpft und sich selten im Geröll verzettelt. Nur wenige Stellen sind unfahrbar.

Die Kletterer haben es schon lange entdeckt und nennen es »Bowldern«. Es ist der Spaß am Bewältigen einzelner, herausragend schwerer Stellen. Tatsächlich ist das Befahren des Strona-Oberlaufes eine völlig andere Art des Kajakfahrens. Statt der Flußpunkte sammelt man hier Höhepunkte, einen einmaligen Fall nach dem anderen... Für einen Befahrungsversuch sollte man in Topform sein, hier lernt jeder die Grenzen des Wildwasserfahrens kennen. Man darf nicht verzweifeln, wenn man, trotz aller Motivation, irgendwann zur Straße hochträgt, weil es einfach zu viel und zu anstrengend ist und es bereits dämmert. Bis Forno schafft man es auf keinen Fall in einem Tag, vielmehr hört man nach einem Tag irgendwo auf und ist völlig geschafft.

Dabei war da doch noch zweihundert Meter oberhalb der Aussatzbrücke neben ein paar Hühnerställen ein fantastischer zehn Meter hoher Wasserfall...

BEFAHRUNGSTIPS:

Zum Einsatz gelangt man, wenn man oberhalb des hohen Stronafalles in Campello Monti den Bach quert und unmittelbar neben dem Strahl orografisch rechts hinunterklettert. Von einem Absatz springt man seitlich aus sieben Meter Höhe mitten in die tosende Gischt des Tumpfes, es wird sehr kalt und sehr naß...

Nach einigen Hupfern kommt man zu dem ersten markanten sechs Meter hohen Wasserfall. Rechts befindet sich im Unterwasser eine gut sichtbare Felsplatte, doch ganz links ist es tief genug. Gleich darauf folgt eine sieben Meter hohe Steilrutsche, die wir durch die schmale Rinne befahren. Bei viel Wasser sieht man vom Fahrer schon während des Fallens nur noch das hochgestreckte Paddel, bis er unten mit einer Kerze ausgespuckt wird. Mehrere zwischen zwei und fünf Meter hohe Abstürze schließen sich an, nur einen müssen wir links mit Felsenstart umgehen. Seine Befahrung ist ohne Karambolage nicht möglich, da er rechts gegen eine Felswand und in einen engen Spalt fällt.

Nach einem nur bedingt fahrbaren und oft mit Lawinenresten überdeckten Verhau kommt ein rasanter, neun Meter hoher Knickwasserfall. Er ist unproblematisch zu fahren, nur muß man die Ankunft absichern. Sonst wird man voller Schwung gleich in den nächsten Steilkatarakt geworfen, den ich erst einmal mit dem Topo geschafft habe.

Es folgt eine schöne Slalompassage bis zu einem kleinen Steg. Links liegt der verfallene Weiler Pian Pennino. Hier haben wir immer kurz umtragen, denn der felsige Verhau ist uns zu steinig, und außerdem muß man unbedingt die Kamera richten: Für einen herrlichen, freifallenden Wasserstrahl, der uns weit in die Tiefen seines großen, dunklen Tumpfes versenkt! Es ist der »Big Jump«, einer der fotogensten Wasserfälle überhaupt. Direkt vor der Kante wartet eine kleine Walze. Mit etwas Glück schafft man es, daß sich der Topo zu einer Kerze aufstellt. Mit einem »Männchen« geht es acht Meter im Freiflug hinunter...

Nach diesem Höhepunkt kann man aufhören und leicht über die Wiesen zur Straße hinauftragen, war es bis hier doch »nur« Wildwasser sieben. Bertram und ich haben einmal versucht wei-

Einer der vielen Hüpfer auf der obersten Strona.
Diesmal heißt es allerdings kraftvoll rollen!

Die Wasserfälle haben es wirklich in sich, auch wenn der Fotograf hier etwas nachgeholfen hat.

terzufahren, doch bei Piana di Forno mußten wir schließlich wegen der vorgerückten Tageszeit aufhören. Bis zu dem Steg haben wir nur drei Stellen umhoben, doch danach kommen viele Passagen, die wir nicht zu befahren wagten. Dabei waren sie nicht absolut unfahrbar. Und das, was nach Piana die Forno kam, sah auch super aus...

Ich muß doch noch einmal zurückkehren. Schon allein wegen des Zehn-Meter-Falls bei den Hühnerställen.

Strona – Mittel- und Unterlauf

Als Klemens und ich das erste Mal an der Strona waren, stiegen wir in Forno in die Boote ein. Gleich nach dem Wehr beginnt eine extrem steile durch einen Bergsturz entstandene Talstufe mit vielen gerade eben noch fahrbaren und einigen gerade eben nicht mehr fahrbaren, unsauberen Stellen. Der von der Straße aus sichtbare Vier-Meter-Fall bei einem von rechts mündenden Seitenbach stürzt unter einen riesigen Siphon, darunter war schon bei Niederwasser kaum noch Platz. Ein anderer, zehn Meter hoher Wasserfall hat im Unterwasser eine versteckte Felsplatte! Es hat sich nicht gelohnt.

Einen völlig anderen Eindruck gewinnt man von der mittleren Strona, wenn man erst etwas weiter flußab an einem zerschossenen Schild die Boote von der Straße zum Bach hinabträgt. Ab hier ist die Strona durchgehend fahrbar, Schrägrutschen, Abfälle, Katarakte und Schlitze über das Grundgestein machen viel Spaß.

Einen Ausnahmetag erlebten wir einmal bei einem leichten Hochwasser. Die Befahrung wurde zu einem echten »Highlight«, einem jener Glanzpunkte in meiner »Kanukarriere«, von deren Erinnerung man lange zehrt. Es klappte einfach alles. Besonders

▶

Oberhalb des empfohlenen Einsatzpunktes ist die Strona überraschend steil.

Offen, sauber und einfach super ist die mittlere Strona, wenn man den Einsatz richtig erwischt.

Bertram in der kurzen Klamm nahe der Ponte Romano.

herausragend war die kurze Niedrigklamm vor der Ponte Romagno, deren Eingangswasserfall wir ganz links durch eine schmale Lücke gefahren sind. Einen nach dem anderen hat es unten mit einer Super-Kerze aus dem Rücklauf herauskatapultiert, unmittelbar dahinter ging es gleich die nächste Stufe hinab und mit viel

Schwung durch die letzte Walze... Lachend, staunend trafen wir uns unten im Kehrwasser.

Ab der Römerbrücke wird die Strona etwas leichter. Nach einem senkrechten Fallwehr gelangen wir bald an das Wehr im Ort Strona. Dort kann man sein Kajak zur nahen Straße hinauftragen.

Das hohe Schrägwehr und der unmittelbar darauffolgende Schlitz bilden so entweder das kräftige Finale der ersten oder den würdigen Auftakt zur zweiten Tagesetappe der mittleren Strona.

Keine fünfzig Meter nach dem Wehr gelangt man an den sechs Meter hohen Kesselfall. Er ist das Kriterium zur Befahrung der zweiten Etappe. Traut man sich den Fall nicht zu, sollte man nicht weiterfahren. Die Straße bleibt zwar noch lange in der Nähe, ist aber gerade vor den Schlüsselstellen schwerer erreichbar, als es zunächst scheint. Viele der großen Felsblöcke sind stark unterspült und können für einen Schwimmer zu einer tödlichen Falle werden.

An dem nächsten, langgestreckten Schrägwehr kann die Straße ein letztes Mal erreicht werden. Danach gräbt sich die Strona immer tiefer in eine unwegsame Klamm. Die Ufer werden auf längeren Strecken völlig unbegehbar. Obwohl uns keine herausragend schweren Zwangspassagen aufgefallen sind, sollte man das erste Mal lieber bei niedrigem als bei zu hohem Wasserstand in die Klamm einfahren. Ein paarmal müssen wir im Flußbett zur Erkundung und Absicherung vorauslaufen und gegebenenfalls umtragen. Beides wird bei viel Wasser problematisch, wenn nicht sogar unmöglich!

Nicht nachahmenswert: Völlig erschöpft sind wir bei unserer Erstfahrt direkt nach der ersten Straßenbrücke in Omegna rechts über einen steilen Schutthang hinausgekrabbelt. Dabei stürzte ein Mann mit Boot ab...

Viel bequemer ist es, noch hundert Meter weiterzupaddeln. An der Mündung des Nigoglia, der den Ausfluß des Ortasees darstellt, kann man problemlos rechts aussteigen. Hier hat man mitten im Ort ein relativ ruhiges Plätzchen zum Umziehen. Schön ist die Umgebung allerdings nicht mehr, verfallene Fabrikanlagen, Schrott und Unrat liegen verstreut umher. Der Nigoglia riecht nach

Die herrliche Umgebung sollte uns die notwendige Vorsicht nicht vergessen lassen. Hier lauern verklemmgefährliche Stellen und Siphone.

Abwasser. Es ist das unwürdige Ende eines der schönsten Wildwasser.

Der Vollständigkeit halber sind wir später auch die Strecke von Omegna bis zur Mündung in den Toce gepaddelt. Omegna, die Kleinstadt mit dem engen Zentrum und den verwirrenden Verkehrsverhältnissen, nennt sich selbst die »Stadt des Friedens und der nuklearen Abrüstung«. Sie ist umgeben von so viel Industriebetrieben, daß man zuerst meint, eine Befahrung der Strona würde sich ab hier nicht mehr lohnen. Doch ganz so schlimm ist es zum Glück nicht. Wildwassertechnisch gesehen ist auch der Unterlauf der Strona schön. Gerade bei Hochwasser ist sie die einzige Etappe, die man dann noch befahren kann.

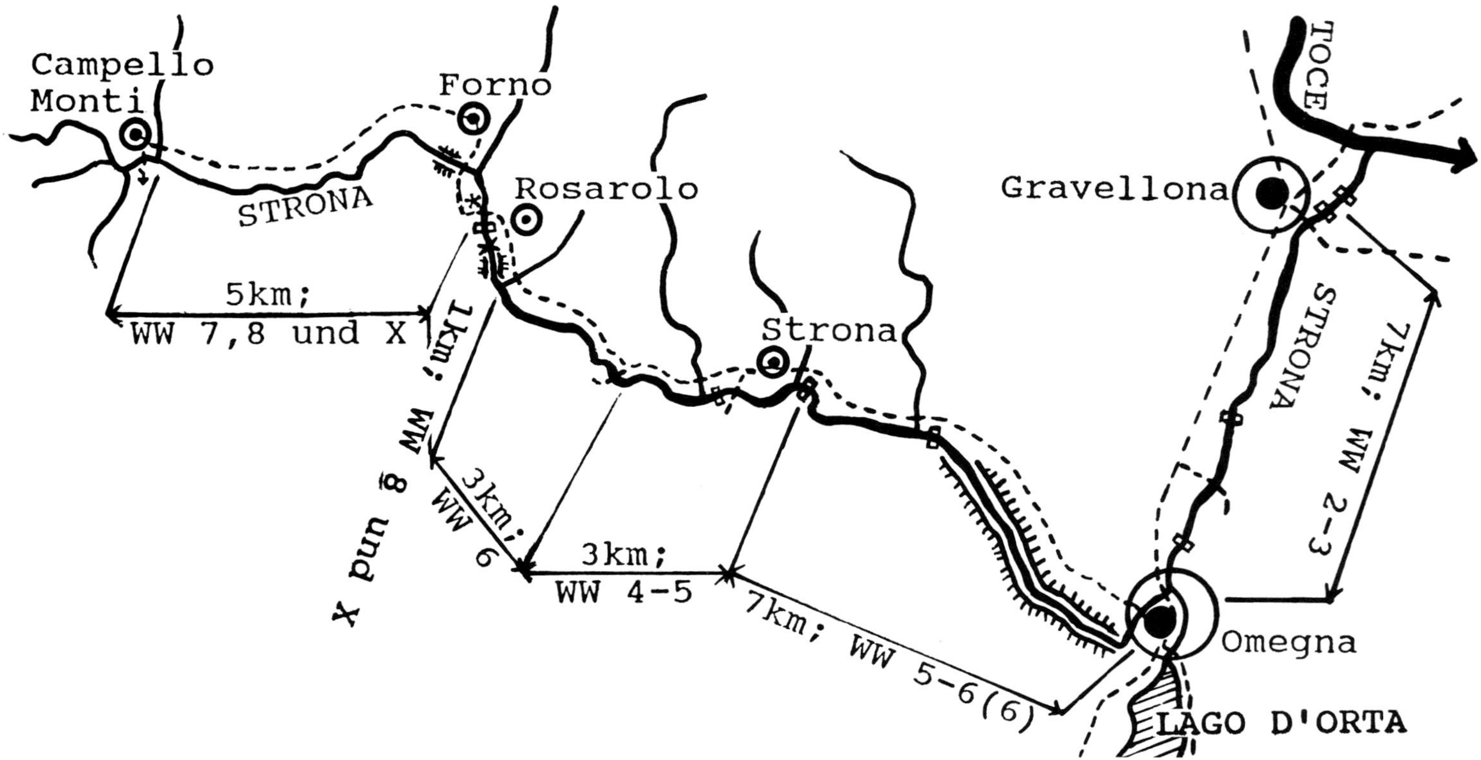

Campello Monti
Forno
Rosarolo
STRONA
5km; WW 7,8 und X
1km; WW 8 und X
3km; WW 6
3km; WW 4-5
7km; WW 5-6(6)
Strona
Gravellona
TOCE
STRONA
7km; WW 2-3
Omegna
LAGO D'ORTA

Überblick Valstrona

WILDWASSER

1. Etappe – *Oberlauf*

Einsatz: In Campello Monti. Oberhalb des hohen Stronafalles das Flüßchen queren und direkt neben dem Fall rechts hinunterklettern.
Aussatz: jederzeit möglich, spätestens in Rosarolo am Wehr.
Fahrstrecke: 5 km, mindestens 2 Tage.
Charakter: Extrem steiles und erstaunlicherweise fahrbares Wildwasser. So viele fahrtechnische Höhepunkte, daß die dazwischen liegenden kurzen Umtragungen nicht stören. Hohe Wasserfälle.
Schwierigkeiten: Technisch der absolut oberste Grenzbereich, dennoch fair.
Besondere Gefahren: Zu hoher Wasserstand, ungewohnte Flughöhen, Abstumpfung gegenüber weniger spektakulären, gefährlicheren Stellen.
Befahrungszeit: Unsicher wegen des kleinen Einzugsgebietes. Meist ausreichend Wasser von Ende April bis Mitte Juni, das Wehr in Rosarolo sollte auf der ganzen Breite schwach überronnen sein. Tip: Falls zu hoher Wasserstand, macht die kurze Strecke zwischen den beiden Straßenbrücken viel Spaß.

2. Etappe – *Mittellauf*

Einsatz: 700 m unterhalb Rosarolo die Boote in enger Straßenkurve hinabtragen. Keine Parkmöglichkeit!
Aussatz: Vor oder nach dem Wehr im Ort Strona.
Fahrstrecke: 6 km, 5 Stunden.
Charakter: Offene Felsschlucht mit kurzen Klammen durchsetzt. Wunderschöne Rutschen und Schlitze aus Grundgestein.
Schwierigkeiten: Auf den ersten 3 km um WW6, nach der Ponte Romagno deutlich leichter, WW4–5. Ähnelt dem Travo ab Chiesa, weniger unfaire Stellen.
Besondere Gefahren: Rückläufe, das Wehr in Piana di Fornero hat eine Steinplatte im Unterwasser.
Befahrungszeit: Wie Oberlauf.
Auto: Erst umsetzen. Straße immer irgendwie erreichbar.

3. Etappe – *untere Schlucht*
Einsatz: Vor dem Wehr im Ort Strona.
Aussatz: In Omegna, 200 m nach der Straßenbrücke links.
Fahrstrecke: 7 km, mindestens 6 Stunden.
Charakter: Enge Felsschlucht, die in eine reinrassige Klamm übergeht.
Schwierigkeiten: Durchgehend sehr schwer, WW5–6, ähnlich der ersten Hälfte der 2. Etappe.
Besondere Gefahren: Große, unterspülte Felsblöcke.
Ab dem 2. Wehr keine Möglichkeit mehr, den Fluß zu verlassen.
Zu wenig Zeitreserve, zu hoher Wasserstand.
Befahrungszeit: Wie Oberlauf. Zuviel Wasser dann, wenn man sich den 7-Meter-Fall nach dem Wehr am Einsatz nicht mehr zutraut.
Auto: Straße gegen Ende nicht mehr erreichbar.

4. Etappe – *Unterlauf*
Einsatz: Omegna, an der Mündung des Nigoglia
(= Abfluß aus dem Ortasee)
Aussatz: Am ersten Wehr nach Gravellona, rechts.
Fahrstrecke: 7 km, 2 Stunden.
Charakter: Offenes Kiesbett, großzügige, übersichtliche Verblockung, Wasserwucht. Lohnender als man vorerst meint.
Schwierigkeiten: WW 2–3, Wehre alle fahrbar.
Besondere Gefahren: Achtung auf Eisen! Wehre.
Befahrungszeit: Noch in Omegna starker Wasserentzug.
Ideal sind 15–30 cbm/s am Einsatz.

SCHLUCHTENKLETTERN

In der unteren Schlucht ab dem 2. Wehr bis Omegna.

SEHENSWERTES

Campello Monti:

Altes Waliserdorf, das von Rimella aus gegründet wurde.
Auf dem Weg über die Bocetta di Campello wurden einst die Toten von Campello getragen, um sie in Rimella zu beerdigen.

Luzzogno:
Hoch gelegenes, sehr schönes Dorf mit der Kirche San Giacomo aus dem 14. Jh.

Omegna:
Treff auf der Piazza 14. Aprile.

Gravellona:
Kirche San Maurizio, 11. Jh. Museum mit Ausgrabungen aus römischer Zeit, als der Simplonpaß einer der bedeutendsten Alpenübergänge war.

Mottarone

Erno

Der Mottarone ist mit seiner Höhe von knapp fünfzehnhundert Meter ein attraktiver Aussichtsberg. Wenn er auch im Vergleich zum über viereinhalbtausend Meter hohen Monte Rosa eher bescheiden wirkt, so muß man bedenken, daß der Mottarone von zwei Seen fast gänzlich umschlossen wird: Dem Lago Maggiore im Osten und dem Lago d'Orta im Westen. Und deren Niveau liegt auf nur zweihundert beziehungsweise dreihundert Meter über dem Meer. Daraus resultiert ein beachtenswerter Höhenunterschied von mehr als tausend Meter zwischen dem Gipfelkreuz und der ringsum glitzernden weiten Wasseroberfläche.

Von Stresa aus führen eine Seilbahn und zwei Straßen bis an den Gipfel. Oben wird noch an Ostern eifrig Ski gefahren, ein paar Lifte schaufeln die Brettlfans auf die flachen Pisten, während unten am See schon die ersten Blumen blühen.

Wenn der Schnee schmilzt, erwachen die Bächlein. Rund um den Mottarone rauscht eine ganze Handvoll reizvoller Kleinflüsse zu Tal. Einige sind für uns Wildwasserfahrer interessant.

Da ist zum einen der Pescone. Er fließt nach Südwesten und mündet bei Pettenasco in den Lago d'Orta. Mit dem Wildwasserkajak befahrbar ist er vermutlich ab der Straßenbrücke vor Argano oder sogar noch weiter oben, schon ab dem Zusammenfluß seiner beiden Quellbäche. Uns ist kein Befahrungsversuch bekannt.

Gesicherte Informationen gibt es von einer kurzen Etappe der Agogna. Sie fließt direkt nach Süden ab und wird an separater Stelle beschrieben.

Und dann ist da noch der Erno, jener Bach, der direkt auf kürzestem Weg den größten Höhenunterschied überwindet. Er mündet in den Lago Maggiore und hat sich in langer Arbeit ein stattliches Delta geschaffen. Darauf liegen die Städte Lesa und

Solcio, fast wie eine italienische Variante des Maggiadeltas bei Locarno. Der Erno ist mir besonders ans Herz gewachsen, vielleicht aus dem Umstand heraus, daß wir ihn uns durch längere Erkundungsmärsche regelrecht erarbeiten mußten.

Den ersten Eindruck vom Erno, das heißt, von seinem größeren Quellbach, dem Torrente Scoccia, erhält man von der hohen Straßenbrücke bei Gignese. Hier sieht es so aus, als könnte man sich gerade so mit dem Kurzboot hinabkämpfen. Doch schon ein Blick von der Brücke bei Brovello läßt uns zurückschrecken: Aus einer extrem engen Klamm stürzt der Scoccia mit einem sehr hohen, nicht vollständig einzusehenden Fall ins Freie. Der Tumpf und die nächste Flußschleife sind aufgefüllt mit Bauschutt. Die neue Autobahn Domodossola- Mailand wird mit viel Aufwand in den Berg gesprengt.

Und wir sind trotzdem gepaddelt! Denn kaum hundert Meter nach der Autobahnbrücke mündet der Torrente Grisana, ein linker Seitenbach, in den Scoccia. Beide zusammen bilden den Erno. Es ist nicht schwierig, die Boote über einen Fischerpfad zum

Fast wie im Schwarzwald fühlt man sich auf dem Erno.

Zusammenfluß zu schleifen. Über die einsame Folgestrecke wird nur verraten, daß sie an die schönsten unserer Schwarzwaldbäche erinnert. Es lohnt sich, bis in den See zu paddeln und zu spüren, wie der kleine, quirlige Wildbach von den ruhigen Fluten des Lago Maggiore aufgenommen wird.

Agogna

Schmal, sehr lang und fast gänzlich unbekannt ist die Agogna. Am Monte Mottarone entspringt sie auf vierzehnhundert Meter Meereshöhe, fließt als Wald- und Wiesenbach nach Süden, schlängelt sich knapp an Armeno und dem Lago d'Orta vorbei durch einsame Waldschluchten und tritt bei Borgomanero in die Poebene hinaus. Hier strömt sie hundertzwanzig Kilometer parallel zur großen Sesia, um sich erst viel später als diese mit dem Po zu vereinigen.

Über ihren langen Unterlauf ist bisher kein Befahrungsversuch bekannt geworden. Lediglich über eine kurze Etappe des Oberlaufes gibt es Informationen italienischer Kanufreunde. Ihrer Meinung nach ist die Agogna ein lohnender, urwüchsiger Kleinfluß. Eine besondere Beachtung verdient sie als Alternative zu den benachbarten Wildflüssen des Ossola- und Sesiatales, die im Hochgebirge entspringen und deshalb zu anderen Zeiten den passenden Wasserstand haben. Die Agogna ist sehr zeitig im Frühjahr oder nach längeren Regenfällen fahrbar. Im Herbst, wenn von Süden ankommende Wolken sich über dem Mottarone abregnen, kann sie bis auf dreihundert Kubikmeter Wasserdurchfluß pro Sekunde anschwellen. Das traut man diesem Wald- und Wiesenbach gar nicht zu.

Als wir die Agogna während einer längeren pfingstlichen Schönwetterperiode befahren wollen, ähnelt sie an der üblichen Einsatzstelle bei Pisogno stark unseren Schwarzwaldbächen: Schön, mittelschwer, leider ohne Wasser.

Eine schwarze Wolke gieriger Stechmücken gibt uns den Rest. Schnell flüchten wir wieder in das schützende Auto. Aber wir kommen wieder, zu einer anderen Jahreszeit!

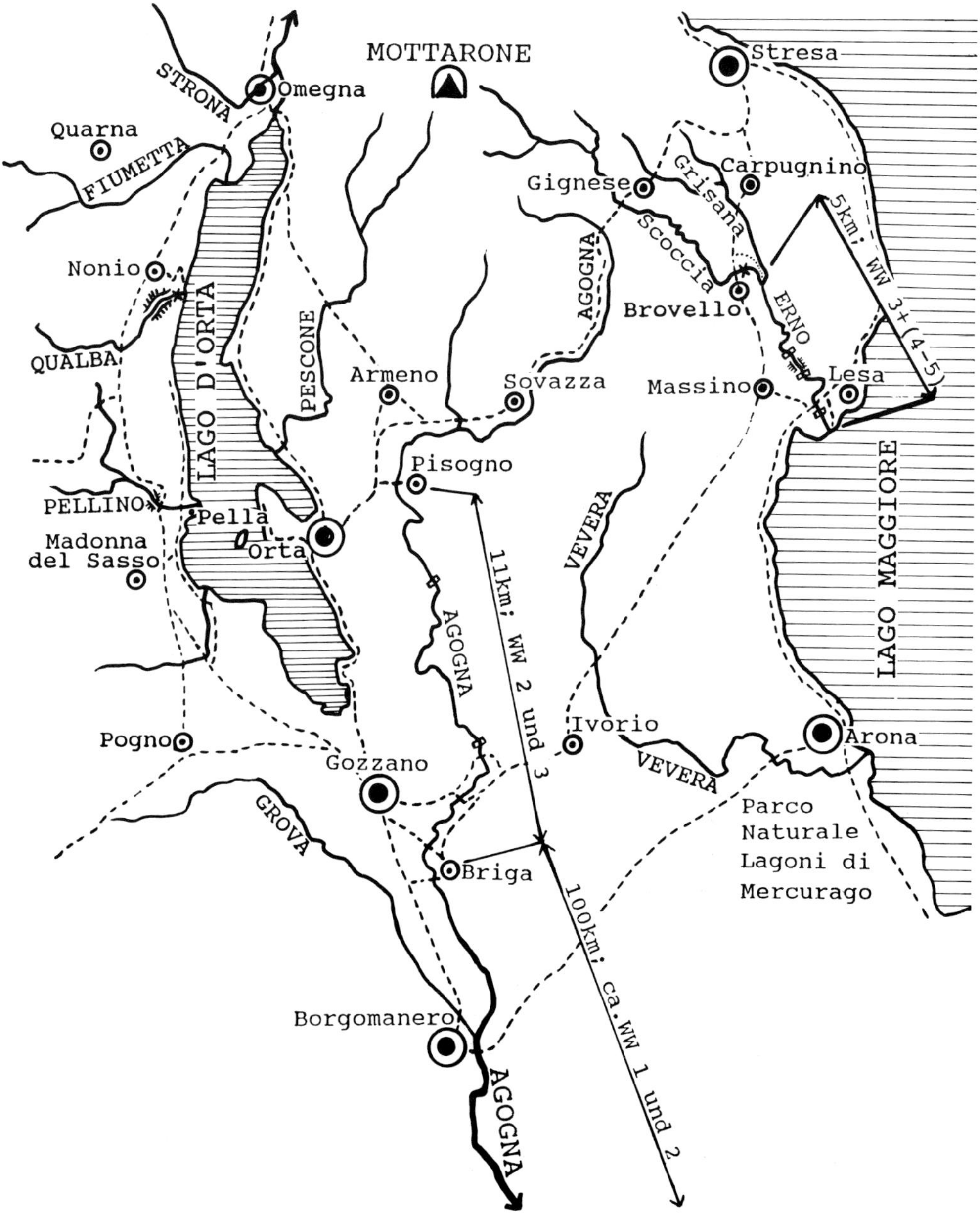

MOTTARONE
Omegna
STRONA
Quarna
FIUMETTA
Nonio
QUALBA
LAGO D'ORTA
PESCONE
Armeno
Sovazza
AGOGNA
Gignese
Stresa
Carpugnino
Grisana
Scoccia
Brovello
ERNO
Massino
Lesa
5km; WW 3+(4-5)
LAGO MAGGIORE
PELLINO
Pella
Orta
Madonna del Sasso
Pisogno
11km; WW 2 und 3
AGOGNA
VEVERA
Ivorio
VEVERA
Arona
Parco Naturale Lagoni di Mercurago
Pogno
Gozzano
GROVA
Briga
100km; ca.WW 1 und 2
Borgomanero
AGOGNA

Überblick Mottarone und Lago d'Orta

WILDWASSER

Erno

Einsatz: Am Zusammenfluß von Grisana und Scoccia.
Aussatz: An der Mündung, links.
Fahrstrecke: 5 km, 2 Stunden.
Charakter: Verwunschener, nur auf kurzer Strecke fahrtechnisch schwerer Kleinfluß.
Schwierigkeiten: Etwas anspruchsvoller als die Wildgutach, WW3+ mit einer kurzen Klamm WW4–5.
Besondere Gefahren: Drei Wehre, das erste hat ein flaches Unterwasser, im dritten lauern Eisenpfosten.
Befahrbarkeit: Ostern und nach Regen.
Auto: Straße weit entfernt, umsetzen über Massino-Visconti.

Agogna, Oberlauf

Einsatz: An der Brücke in Pisogno oder weiter oberhalb.
Aussatz: Brücke zwischen Briga Novarese und Baraggia.
Fahrstrecke: 11 km, 3 Stunden.
Charakter: Kleiner Wildfluß mit schönen Waldschluchten.
Schwierigkeiten: WW2 und 3.
Besondere Gefahren: Mehrere Wehre.
Befahrbarkeit: Solange auf dem Mottarone Schnee liegt. Später nur nach Regenfällen.

Unterlauf

Völlig unbekannt, wenig Gefälle, ca. 100 km lang. Vermutlich dschungelartig verwachsener Wanderfluß.

SEHENSWERTES

Baveno:

Historische Altstadt mit Pfarrkirche aus dem 11. Jh. Roter Granit am Monte Camoscio. Villa Baranca.

Stresa:
Bestand Mitte des 19.Jh. aus zwei Cafes und sechs Wirtschaften. Ist seit dem Ausbau des Simplon zu einer eleganten, mondänen Kleinstadt geworden. Park in der Villa Palavinico. Jugend-Musikfest »Premio Franco Verganti« im April. In August und September Musikwochen. Seilbahn auf den Mottarone.

Lesa:
Ruinen des Castello di Lesa auf dem Weg nach Solcio.

Brovello:
Hier, am Einsatz des Erno, lagen einst die zwei Seen von Macheo und Locco. Früher gab es viele Mühlen und Handwerksbetriebe für Holz- und Eisenverarbeitung an den tief eingeschnittenen Flüßchen. Romanisch-gotische Kirche.

Massino-Visconti:
Burg der Visconti. Denkmal für die »Lüsciatt«, die Schirmmacher. Reitschule.

Nebbiuno:
Bekannt für seine Azaleenzüchtungen. Erdbeerfest im Juni. Wein aus dem nahe gelegenen Bauernort Campiglia.

Arona:

Parco Naturale Lagoni di Mercurago bei Arona. Hügelige Moränenlandschaft, mehrere Seen und Moore. 1860 wurden hier die ersten italienischen Pfahlbauten »Palafitta« gefunden.

Borgomanero:
Treff auf der Piazza Martiri della Liberta.

Gozzano:
Antike Altstadt und »Castello«.

Bolzano:
Kreuzgang Monte Mesma.

Gignese:
Kurioses Schirmmuseum. Seltene Heilpflanzen im Alpina-Garten.

Orta:
Gemeindepalast aus dem 16.Jh. Heiliger Berg Sacro Monte mit 20 Kapellen vom 16.–18. Jh. Naturschutzgebiet.

Insel San Giulio:
Romanische Basilika aus dem 12. Jh. Museum.

Ameno:
Museum der Fondazione Calderara in Vacciago. Kunstausstellung in der Villa des verstorbenen Malers Antonio Calderara.

Buccione:
Wehrturm aus dem 5. Jh., der den Südzipfel des Sees bewacht.

Pella:
Hoch auf glatten Felsen liegt die Wallfahrtskirche Madonna dell Sasso mit herrlichem Panoramablick über den See.

Nonio:
Höhle aus schwarzem Marmor. Wasserfall des Torrente Qualba.

Quarna Sotto:
Museum über Geschichte und Tradition der Bergregion. Gezeigt werden auch Methoden des frühen 19. Jh. zur Herstellung hölzerner Musikinstrumente.

FESTE

Fest der Maurermeister auf der Insel San Giulio am 31. Januar.
Musikfestspiele auf der Insel im Juni.
Ortafiori, ein Freiluft-Straßentheaterfestival.
Klavierkonzerte im September.
Am 2. Sonntag im November Fest der Hotelbediensteten in Ameno.

SPEZIALITÄTEN

Hölzerne Gebrauchsgegenstände im Stronatal. Musikinstrumente in Quarna. Elektrogeräte und Kaffeemaschinen in Omegna.

»Tapulon«, ein Gericht aus gehacktem Eselfleisch, mit Wirsing im Rotwein Boca gegart. Gut gewürzt!

CAMPING

Solcio in Lesa, Telefon 0322/7497
7 Camini Residenze, Gignese. Telefon 0323/20183
Orchidea in Baveno. Telefon 0323/28257
In Pella, Pettenasco und Borca.

INFORMATION

IAT Mottarone, Telefon 0323/24632
Pro Loco Mottarone, Lesa. Telefon 0323/24873
APT, 28049 Stresa, Piazza le Europa 3, Telefon 0323/30150
APT, 28016 Orta San Giulio, Via Olina 9–11. Telefon 0322/90354

Valsesia

Sesia

Die Sesia ist einer der letzten weitgehend naturbelassenen Großflüsse des Alpenraumes. Sie hat sich ein eigentümlich gewundenes Tal gegraben, bevor sie sich bei Varallo endgültig nach Süden wendet. Ab Borgosesia tritt sie in die Ebene hinaus, läßt ihre kleinen eiszeitlichen Moränenhügel rechts und links liegen und strömt als einsamer Wanderfluß dem Po entgegen.

Fährt man, vom oberen Lago Maggiore kommend, über den Colle della Colma, sieht man weit hinten am Talschluß die hohen Berge der Monte-Rosa-Gruppe glänzen. Weit überragen ihre Schneefelder alle anderen Gipfel.

Etwas tiefer meint man plötzlich, mitten im brasilianischen Urwald zu sein. Seltsam steile und trotzdem abgerundete Hügel, üppig bewachsen mit grünen Laubwäldern; gerade bei einem der häufigen frühsommerlichen Gewitter erscheint die Landschaft tropisch. So nennen die Italiener das Sesiatal »Il valle piu verde d' Italia«, das grünste Tal Italiens.

Weit oben am Monte Rosa, der mit über viertausendsechshundert Metern den zweithöchsten Gipfel und mit seinen sieben weiteren Viertausendern das wuchtigste Gebirgsmassiv der Alpen darstellt, entspringt die Sesia aus dem ewigen Eis. Dennoch ist sie kein typischer Gletscherfluß, die südöstlichen Felsflanken der Signalkuppe sind steil und die Gletscher nur klein.

Die gewaltigen Südabbrüche der Monte Rosa sind ebenso wie der benachbarte Liskamm, ein Paradies für Extrembergsteiger und Eiskletterer. Eine kleine Seilbahn, die von Alagna aus immerhin zweitausendzweihundert Höhenmeter hinauffährt, überwindet die Felswände in schwindelnder Höhe und befördert uns in weniger als einer halben Stunde mitten in die Gletscherregion. Hier oben befindet sich ein Sommerskigebiet, doch wesentlich lohnender sind die Skitourenmöglichkeiten. Jenseits des Grates, zu dem

Typisches Walserdorf nahe Alagna. Von hier aus siedelten die Walser bis nach Tirol.

es von Südosten fast senkrecht heraufgeht, verbergen sich flache und wenig verspaltete Gletscher.

Immerhin liegt die Bergstation auf dreitausenddreihundert Meter, mehrere Viertausender kann man in einer leichten Tagestour von hier aus besteigen. Je höher wir hinaufstapfen, desto großartiger wird das Panorama. Im Norden und Westen die Walli-

ser Alpen, selbst auf Matterhorn, Weisshorn und Dom schaut man herab, Zermatt ist zum Greifen nahe.

Im Süden sind die Berge wesentlich niedriger. Bei klarem Wetter sieht man über die tief unten liegende Poebene die gesamte Alpenkette wie vom obersten Rand eines Amphitheaters im Halbrund vor sich liegen.

Für den Gleitschirmpilot eröffnen sich Superlative: Über dreitausend Höhenmeter sind es hinab nach Alagna auf die kleine Landewiese oberhalb des Ortes. Gleitschirm auspacken, anschnallen, loslaufen, abheben! Das ist mit Sicherheit die schön-

Diese Brücke überlebte die Frühlingslawinen nicht.

ste Art, einen Berg hinunterzukommen, wenn das Wetter mitmacht.

Vom Ursprung der Sesia kann man so ihren Lauf verfolgen. Auch sie stürzt sich erst einmal ein paar tausend Meter hinab. Nahe der Landewiese, am Ende des Fahrweges bei der Alpe Pastore, sieht man sie durch eine tolle Klamm herunterkommen. Von den vielen Wasserfällen mißt der höchste, die Cascata del Sesia, glatte zwanzig Meter. Mit sauberem Tumpf.

Am großen Parkplatz in Alagna ist der empfehlenswerte Einsatz für die erste Etappe. Gleich nach dem Start reißt es dich fort, ohne

Verschnaufpause geht es hinab. Mehrere Zuflüsse, besonders die von rechts mündende Vogna, führen zu einer raschen Zunahme der Wassermenge. Die Sesia ist hier ein mittelschwerer Wildbach, in einem breiten, von der Eiszeit geformten Trogtal. Sie fließt bis Isolello mit sehr starker Strömung durch ein verwildertes Kiesbett. Oft verzweigt sich der Fluß, manche Durchfahrten sind mit Holz verlegt. Der Wasserstand erscheint knapp, man wünscht sich mehr, doch dieser kurze, schnelle Oberlauf ist bald zu Ende.

Nach der Straßenbrücke von Isolello verengt sich das Tal. Im Winter 1985/1986 wurde hier eine große im Herbst vorher fertiggestellte Betonbrücke von einer riesigen Lawine zerfetzt.

Ab Boccorio nimmt die Sesia den Charakter eines typischen norditalienischen Wildbaches an. Viel Gefälle, wenig ruhige Abschnitte, große, unübersichtliche Verblockung und beachtliche Wasserwucht fordern unsere volle Konzentration. Gleich am Anfang, direkt vor der Steinbrücke von Buzzo, müssen wir einmal umtragen. Besonders bei guten Wasserständen werden die nächsten drei Kilometer zu einem wunderschönen Parcours, mit wuchtigen und rasanten Schwierigkeiten aller Art gespickt.

Achtung gegen Ende bei Mollia. Die Siebenerstelle ist direkt am Eingang einer kurzen Klamm:

Über mehrere schräge Platten schießt mein Topolino hinab. Eine weiße Fontäne spült mir durch den Helm, reflexartig werfe ich das Paddel rechts auf das Prallpolster und jage die Steilkurve hinunter. Einen Moment lang kann ich atmen, dann versenkt es mich in das letzte Loch. Wie in einer gewaltigen Waschmaschine werde ich hin und her geworfen, es reißt am Paddel, rüttelt am Helm... Die Luft wird knapp und ich bin immer noch irgendwo im Rücklauf. Es hilft nichts, ich muß rollen! Druck – und hoch. Um mich nur Bläschen und donnerndes Wasser. Da tut selbst Ziehen und Stützen gar nichts nützen. Kurz kann ich Luft schnappen, abermals wird das Boot unter mir weggedrückt und ich verliere die Orientierung. Wo ist oben, wo unten? Da – die Griffschlaufe meiner Spritzdecke. Ein Ruck, und ich bin aus dem Kajak. Halte mich instinktiv am Süllrand fest, während das Boot plötzlich beschleunigt wird und mich aus dem Wirbel hinauszieht. Ich werfe mich auf das Unterschiff und japse nach Luft. Dort ist ein Kehr-

Die Wasserwucht der Sesia läßt sich bereits erahnen.

Tanz auf brodelnden Wassermassen oder...das »kleine Schwein« der Sesia.

wasser, eine Kiesbank, und endlich spüre ich wieder festen Boden unter den Füßen. Für heute habe ich genug.

Nach dieser Schlüsselstelle wird die Sesia leichter. Kurz vor Piode braust sie erneut auf und windet sich durch eine kleine Schlucht. Große Felsen liegen kreuz und quer, ein Abfall auf der linken Seite ist heimtückisch steckgefährlich und darf auf keinen Fall mit dem Langschiff befahren werden. Alles liegt direkt neben der Straße und muß vor einer Befahrung unbedingt besichtigt werden.

Der Wasserfall von Piode wird nur selten befahren. Das Wasser teilt sich, umfließt einen großen Felsblock, und fällt in zwei Armen über eine Kante hinab. Direkt sind beide mit dem Kajak kaum machbar. Die beste Route ist in der Flußmitte, auf den großen Felsen zu und erst ganz zum Schluß in den Auslauf des rechten Strahles... Die Anfahrt ist mit einer kleinen Walze versehen, und beinahe wäre sie mir noch zum Verhängnis geworden!

Was danach kommt, ist bei hohen und sehr hohen Wasserstän-

Wasserfall von Piode, in der Idealroute.

Die Sesia bietet optimales Wildwasser für fortgeschrittene Canadierfahrer. Etappen, die mit dem Kajak als lasch empfunden werden, sind plötzlich wieder hochinteressant.

Der Canadier wird durch große Auftriebskörper unsinkbar gemacht. Hier Hans Rehklau in Kennebec.

den außerordentlich lohnend. Über zehn Kilometer herrlichstes Wuchtwasser, mit Wellen und Walzen zum Tummeln und Schummeln. Versierte Wildwasserkanadier-, Schlauchboot- und Kurzbootfahrer kommen hier voll auf ihre Kosten. Das meiste ist gerade noch vom Boot aus zu überblicken, auch wenn man dann trotzdem eine Spülung bekommt, weil man um einen »Berg von Walze« nicht herumgekommen ist. Schwimmt man , so schwimmt man ohne fremde Hilfe lange und hart, denn die Sesia ist hier schon zu stattlicher Größe angewachsen.

Ein Kilometer oberhalb Balmuccia überspannt eine alte, weit geschwungene Steinbrücke den Fluß. Zweihundert Meter vor (!) dieser Brücke heißt es unbedingt links anlanden. Der Katarakt unter der Brücke gilt schon bei wenig Wasser als Wildwasser sechs. Außerdem folgt die kurze Klamm von Balmuccia. Man sollte sie sich vor einer Befahrung genau ansehen. Auf dem rechtsufrig verlaufenden Wanderweg ist das gut möglich, strekkenweise kann man den Weg auch mit dem Mountain-Bike fahren. Zuerst haben wir uns nur bei wenig Wasser im Spätsommer getraut, doch inzwischen sind wir auch einmal bei pfundigen Wasserständen mit dem Kajak hindurch, es ging besser als erwartet.

Hat man keine Lust auf einen »Wuchthammer«, so setzt man auf der Straße mit dem Auto um. In Balmuccia kann man sein Boot zur Sermenza hinabtragen und einsteigen, gleich danach kommt auch schon der Zusammenfluß und man ist wieder auf der Sesia. Wenig später fährt man in einen Katarakt, und ehe man sich versieht, ist man nur noch am kämpfen. Welle, Walze, Walze,... aber was für welche! Wir nennen diese Stelle »Zweihundert Meter Kanada«, denn diese zweihundert Meter sind Wuchtwasser, von dem man noch lange träumt:

Übermütig treiben wir bei starkem Hochwasser in den Katarakt hinein, ohne ihn vorher angesehen zu haben. Meine Erinnerung reicht nur noch bis zu einer braunen, gigantischen Wasserwand. Oliver, der mir vorausfährt, verschwindet mit seinem Topo schon im unteren Drittel der riesigen Welle. Dann verschlucken mich die Wassermassen, es wird dunkel. Als es ruhiger wird, rolle ich instinktiv. Ich bin in einem Miniaturkehrwasser hinter einem bro-

Manche Katarakte waren doch noch zu schwer. Doch vielleicht klappt's das nächste Mal?

delnden Pilz, neben mir die glatte, senkrechte Wand. Da schießt Bertram kieloben vorbei! An das Ufer klettern ist unmöglich, und vor mir tost das Wasser zwei Meter hinunter und undefinierbar weit wieder hinauf. Ich nehme das Paddel in eine Hand und ziehe mich mit der anderen zaghaft in die Strömung. Blitzschnell macht mein Topo einen Überschlag, es reißt mich fort...

Als ich wieder hochrolle, treiben wir alle in einem großen Kehrwasser, staunend und lachend. Keiner hat vollständig mitbekommen, wo es hindurchging, alle wurden schon von der ersten Welle verschluckt.

Bis Varallo verliert die Sesia dann an Temperament, nur vereinzelt reicht es noch zu einer Kerze oder einem Überschlag. Die ruhigen Flußabschnitte werden immer länger. Nach und nach wird sie zum sportlichen Wanderbach, der nur noch selten kraftvoll aufbraust. In langen, offenen Schwällen strömt sie durch ein

Im Unterlauf wird die Sesia zum immer noch sportlichen, wunderschönen Wanderfluß.

schönes, großzügig eingedämmtes Flußbett mit Inseln, Wäldchen, und Wehren.

Kein Paradies ist der Zivilisation zu schade, wenn sie erst einmal einen möglichen Profit entdeckt hat. Auch vor der Sesia macht der Fortschritt nicht Halt. Die ENEL hat Pläne entworfen, die Sesia und ihre Nebenflüsse in Staubecken aufzufangen und durch die Turbinen zu jagen. Im Sesiatal gibt es durch die örtliche Bevölkerung starken Widerstand gegen das Projekt. Unterstützen wir sie, mit Gesprächen, Unterschriften im Bürgermeisteramt von Varallo, oder einfach nur dadurch, daß wir nicht mehr wild zelten, damit wir für sie zum ernstzunehmenden Tourismus zählen.

Hoffen wir, daß die Sesia das bleibt, was sie jetzt noch ist: einer der letzten weitgehend naturbelassenen Großflüße des Alpenraumes.

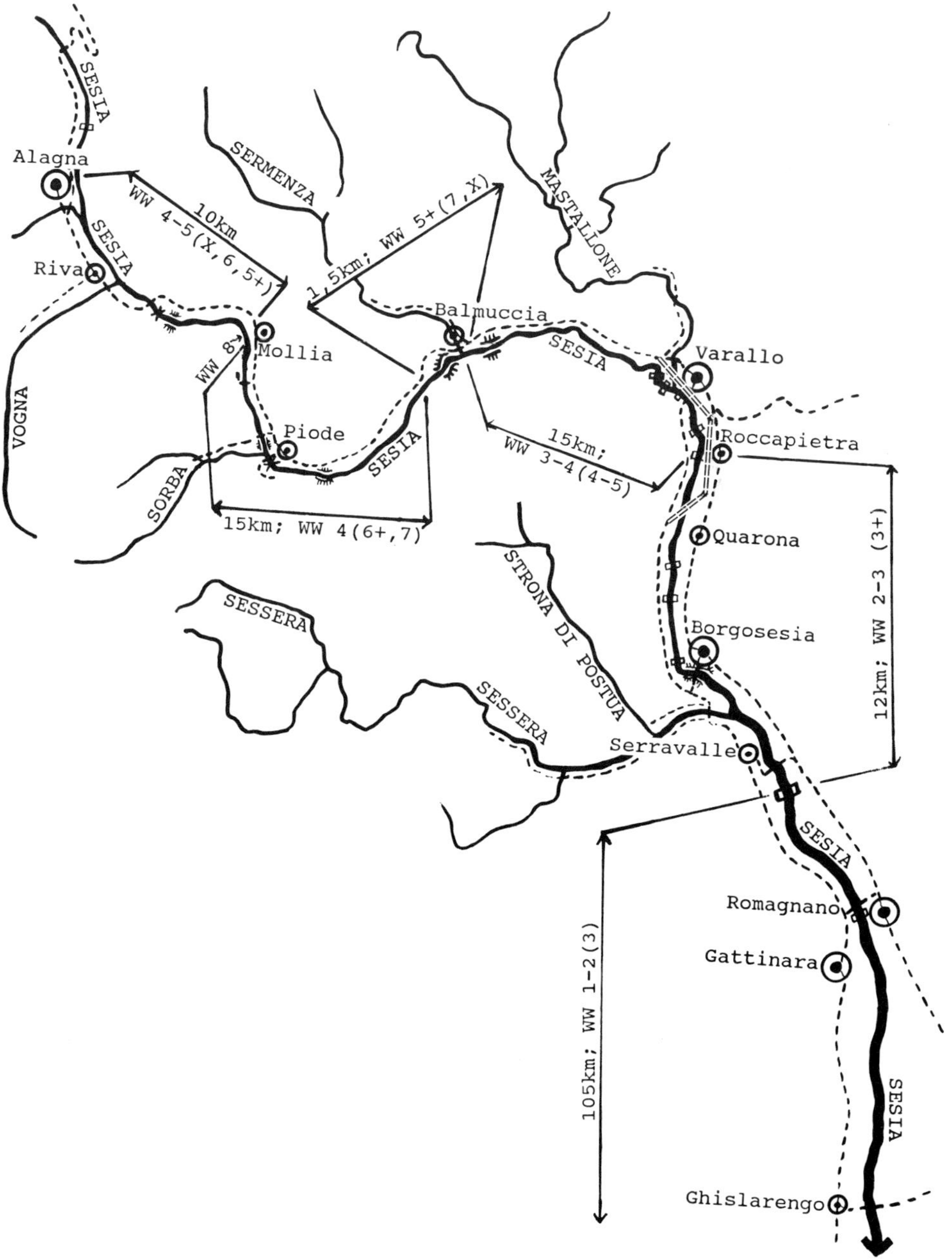
SESIA
Alagna
SERMENZA
10km
WW 4-5(X,6,5+)
1,5km; WW 5+(7,X)
MASTALLONE
Riva
SESIA
Balmuccia
SESIA
Varallo
Mollia
WW 8
VOGNA
Piode
SESIA
15km;
WW 3-4(4-5)
Roccapietra
SORBA
15km; WW 4(6+,7)
Quarona
STRONA DI POSTUA
SESSERA
12km; WW 2-3 (3+)
Borgosesia
SESSERA
Serravalle
SESIA
Romagnano
Gattinara
105km; WW 1-2(3)
SESIA
Ghislarengo

Überblick Valsesia

WILDWASSER

Sesia, 1. Etappe

Einsatz: In Alagna unterhalb des Wehres an der Mündung des Torrente Olen.
Aussatz: Vor kurzer Klamm in Mollia links, schon beim Hochfahren ansehen.
Fahrstrecke: 10 km, 4 Stunden.
Charakter: Offenes Trogtal bis Isolello, ab der Strassenbrücke schluchtartig. Große, unübersichtliche Verblockung, lange Katarakte.
Schwierigkeiten: Spritziger Start auf WW4, Abnahme auf WW3. Ab Isolello WW4-5(X,6,5 +). Bei gut Wasser schnell und wuchtig, vergleichbar der oberen Ötz ab Sölden.
Besondere Gefahren: Baumversperrungen. Eisen unter der zerstörten Straßenbrücke. 1,4 km danach unfahrbarer Abfall von Buzzo, gleich darauf steiler Katarakt in kurze Schlucht. In Mollia Plattenabfälle in schmale Niedrigklamm, sehr schwer. Kehrwasser nicht verpassen!
Befahrungszeit: Ganzjährig.

2. Etappe

Einsatz: Nach der Klamm von Mollia.
Aussatz: Rechtzeitig vor der hohen Steinbrücke am Eingang der Balmuccia-Schlucht links.
Fahrstrecke: 15 km, mit den nötigen Umtragungen 4 Stunden.
Charakter: Offenes Kiesbett mit kurzen Klammstrecken.
Schwierigkeiten: WW4(6 + ,7). Wuchtige Katarakte, große Walzen und Wellen, hohe Strömungsgeschwindigkeit. Wie schwerste Stellen der unteren Ötz.
Besondere Gefahren: Kurze, extrem schwere Schlucht zwischen Mollia und Piode, gut von der Straße aus einzusehen. Wasserfall von Piode, links umtragbar. Nicht den Aussatz verpassen!
Befahrungszeit: Am schönsten im Frühsommer bis Ende Juli bei viel Wasser.

3. Etappe – *Balmuccia-Schlucht*
Einsatz: 1,5 km oberhalb Balmuccia.
Aussatz: Betonbrücke bei Balmuccia.
Fahrstrecke: 1,5 km, 3 Stunden.
Charakter: Grundgesteins- Niedrigklamm.
Schwierigkeiten: Bei 20 cbm/s WW5 + (7,X). Bei viel Wasser ein echter »Wuchthammer«!
Besondere Gefahren: Eingangskatarakt. Unfahrbarer Wasserfall in Schluchtmitte, das Umtragen ist leicht.
Befahrungszeit: Ganzjährig.
Auto: Straße verläuft jenseits eines kleinen Berges. Wanderweg rechtsufrig.

4. Etappe
Einsatz: In Balmuccia auf die Sermenza.
Aussatz: Am Doppel-Schrägwehr von Roccapietra links.
Fahrstrecke: 15 km, 3 Stunden.
Charakter: Erst kurze Klamm, danach offene Kiesbettkatarakte.
Schwierigkeiten: Gleich nach dem Start im Eingang zur Klamm WW4–5 wegen überdimensionaler Walzen (200 Meter Kanada). Sonst um WW3–4, vergleichbar mit Schulser Strecke des Inn.
Besondere Gefahren: Wehre.
Befahrungszeit: Ganzjährig. Auch bei Hochwasser, Vorsicht vor Wehren.

5. Etappe
Einsatz: Roccapietra.
Aussatz: Am Blockwurfwehr nach der Brücke von Serravalle Sesia, rechts.
Fahrstrecke: 12 km, 3 Stunden.
Charakter: Offenes, stark verwildertes Flußbett.
Schwierigkeiten: WW2–3 mit wenigen Stellen 3 +.
Vergleichbar mit Lech ab Elefantenzähnen.
Besondere Gefahren: Wehre.
Befahrungszeit: April bis August, oft auch im Herbst möglich.
Boote: Alle Bootstypen.

6. Etappe – *Unterlauf*
Einsatz: Serravalle Sesia.
Aussatz: Vercelli.
Fahrstrecke: 61 km, 2 oder 3 Tage.

SEHENSWERTES

Beachten Sie die vielen in der Kompaß-Karte eingezeichneten verlassenen Minen.

Alagna:
Alpine Bar in Alagna- Tagliaferro. Walserdörfer: Erstaunliche Einwanderung vom Wallis auf schmalen Pfaden über Gletscher. Walsermuseum im Weiler Pedemonte. Reste einer antiken Burg nahe der »Casa Steiner«.

Riva Valdobbia:
Walsergründung von Riva Valdobbia im Gressoneytal. Reststaurierte Dorfkirche San Michele 16.Jh.

Boccioro:
Traditionelle Herstellung von Öllampen, Musikinstrumenten und Scaccipensieri.

Mollia:
Kreuzweg an der Dorfkirche.

Campertogno:
Heimatmuseum. Kirche San Giacomo mit Fresken und Skulpturen.

Piode:
Käserei des Alta Valsesia in Failungo Superiore.

Balmuccia:
Santuario dei Dinelli auf dem Berg zwischen Sesia und Straße.

Varallo:
Alpinistische Bibliothek des CAI. Museum und Geschäft typischer, traditioneller Handwerksprodukte in der Via Don Majo. Museum und Pinakothek »Palazzo dei Musei«. Museo Calderini. Sacro

Lebensgroße Figuren, die den Leidensweg Christi darstellen, auf dem Sacre Monte bei Varallo.

Monte di Varallo. 44 Kapellen, entstanden im 16. Jh. um der dörflichen Bevölkerung, meist Analphabeten, das Leben Cristi anschaulich zu präsentieren.

Quarona:
Schönes Dorfzentrum. Kirchlein Beata al Monte. Kapelle Beata al Piano mit Fresken.

Borgosesia:
Kirche SS. Pietro e Paolo. Völkerkundemuseum Museo Etnografico del Folclore Valsesiano in der Via alle Manifatture.

SPEZIALITÄTEN

Stickerei. Käsegebäck. Holzwaren.

KANUMATERIAL

ist erhältlich bei »Walser Sport« in Valmaggia,
Telefon 0163/53266.

KANU- und RAFTINGSCHULE in Vocca.

Kajak- und Hydrospeed-Veleih.
Telefon Sommer 0163/53650 oder 53089,
Telefon Winter 02/740935.

CAMPING

Neuer Campingplatz bei der Sermenzamündung
Valsesia in Varallo-Balangera, Telefon 0163/52307.
Ai Dinelli in Scoüa-Scopetta, Telefon 0163/71517.
La Genziana in Scopello, Telefon 0163/71300.
Alagna in Riva Valdobbia, Telefon 0163/91217 oder 91353.

RETTUNGSDIENST

Alagna, Telefon 0163/91274 oder 91108

INFORMATIONEN

Seilbahnstation in Alagna, Funivie Monrosa, Telefon 0163/26104
Pro Loco Alagna, Piazza Alberghi, Telefon 0163/91118.
APT Varallo, Corsa Roma 38, Telefon 0163/51280 oder 52299.
Sehr nette Auskunft, alpines Treff- und Informationszentrum.
Parco Naturale Alta Valsesia, Verwaltungssitz Varallo,
Telefon 0163/51555 oder 52405.
Hütteninfo: CAI, Telefon 0163/51530.

Valle Sessera

Sessera

Das Abenteuer »Sessera« beginnt mit der Anreise. Vom Sesiatal kommend, fährt man erst viele Kilometer am flachen Unterlauf der Sessera entlang. Plötzlich steht man mitten im engen und häßlichen Industrienest Coggiola und wundert sich, was man in diesem völlig zugebauten Tal eigentlich sucht.

Es ist die Aussatzstelle der zweiten Etappe. Man sollte sie sich weit genug oberhalb des Dorfkernes suchen und vormerken, denn im Ort versperren Wehre den Fluß, und es münden übelriechende Abwasserkanäle. Einen Weg zum Bach und einen Parkplatz für das Auto zu finden, ist gar nicht so einfach.

Um nun zur Einsatzstelle zu gelangen, muß man einen großen Umweg auf sich nehmen. Zuerst geht es steil nach Tivero hinauf, dann weiter nach Castagnea, und dort hört die Straße einfach auf. Was folgt, kann man getrost als die »Rallye Valle Sessera« bezeichnen. Es geht kilometerlang über einen furchtbar holprigeren Schotterweg mit zahlreichen Tunnels, links befindet sich eine senkrechte, fast überhängende Felswand und rechts eine tiefe Schlucht. Dazwischen als schmales, unbefestigtes Band unser Natursträßchen, hoffentlich ohne Gegenverkehr.

Schlucht?? Wasser!! Da fließt sie, die Sessera. Weit unten, und wie herrlich sie ausschaut! Doch bleib auf dem Weg, er ist noch lang und erfordert vollste Konzentration. Immer näher führt er uns zum Bach hinab. Am Kraftwerk Zegna wechselt er zum anderen Ufer, und hier sehen wir aus nächster Nähe, was uns erwartet. Man sollte es sich ganz genau ansehen!

Fährt man weiter hinauf, so entfernt sich die »Straße« oberhalb einer kleinen Natursteinbrücke wieder vom Fluß. Nach einer Serpentine endet sie abrupt vor einem Gatter. Dahinter müßte man über Privatgrund fahren, und außerdem sieht man schon die

»Hammerhart« geht's bei dem richtigen Wasserstand auf der Sessera zu.

Staumauer eine Talbiegung stromauf, also tragen wir unsere Boote einen steilen Trampelpfad zu einem schmalen Steg hinab.

Kaum ist die Spritzdecke zu, beginnt der Tango:

Wumms! (Stufe)
Tschung! (Überschlag)
Falutsch! (Rolle)
Aah! (Gumpen)

Und wieder: Wumms, tschung, falutsch, aah! Es ist ein vier

Kilometer langer Tanz auf hochkarätigem Wildwasser, ein einzigartiger Rausch. Was für ein Ballsaal: Braunes, glattgeschliffenes Urgestein, braune, oft senkrecht aus dem Fluß aufragende Felswände und darüber der dichte, grüne Urwald. Wilder und schöner kann Landschaft nicht sein.

Mitten darin gleiten wir auf dem glasklaren, türkis glänzenden Wasser der Sessera, das in einmalig schönen Stufen, Katarakten und Rutschen von Tumpf zu Tumpf fällt....

Bei unserer ersten Befahrung haben wir reichlich viel Wasser. Trotz einem guten Dutzend wuchtiger Schlüsselstellen müssen wir nur ein einziges Mal umtragen: Nach einem Schlitz mit kräftigem Loch verschwindet die Sessera durch eine Felsrippe. Zwei Meter tief hat sie sich einen Spalt in das Grundgestein genagt und bildet zwei Stufen mit gewaltigem Rücklauf. Gut abgesichert fahre ich noch durch den letzten Katarakt und muß alles geben, um mit meinem Taifun keinen Überschlag zu machen. In dem kleinen Kehrwasser vor der Felsrippe booten wir aus. Von dort kann man den Spalt sehr bequem rechtsufrig umheben.

Ein andermal, bei weniger Wasser, konnten wir die ganze Passage fahren. Doch dafür verlor die Reststrecke einiges von ihrem sportlichen Reiz.

Wenig später gelangt man zu der Natursteinbrücke. Erst hier kann die Fahrstraße wieder erreicht werden. Ausgesprochene Dauertänzer aber machen weiter. Sie haben bis zum Kraftwerk noch dreimal die Gelegenheit, dem staunenden Publikum ihr Stehvermögen zu zeigen.

Ist die erste Etappe der Sessera ein heißblütiger Tango, so kann man die untere Schlucht zwischen dem Kraftwerk und Coggiola eher als gewöhnlichen Foxtrott bezeichnen. Sie hat nicht mehr die Rasse und Klasse jener Grundgesteinsabfälle der oberen Schlucht, besticht aber durch längere auf Sicht fahrbare Passagen inmitten einer weiterhin sehr schönen und einsamen Landschaft. Die Sessera fließt zwischen großen Felsen, oft verengen sich die Ufer zu kurzen Klammen. Eine Befahrung der verblockten Geröllstrecken und der kleinen Hupfer wird bei spärlichem Wasserdurchlauf zu einer Materialschlacht.

Bei viel Wasser, wenn es so richtig hinabpfeift, mausert sich jedoch auch diese Etappe zu einem wuchtigen Hit. Ist man erst einmal in die Schlucht hineingefahren, so kann man die Straße auch hier nicht mehr erreichen. Dafür bleibt zumindest ein Ufer immer irgendwie begehbar, was man von der oberen Etappe nicht behaupten kann. Die schwersten Stellen darf man also zur Not umheben.

Erst kurz bevor die Häuser von Coggiola zu sehen sind, begleitet wieder ein kleiner Weg die Sessera. Um sich den schönen Eindruck nicht trüben zu lassen, bootet man rechtzeitig an jener Stelle vor dem Ort aus, die man sich schon bei der Anfahrt gemerkt hatte.

Der Unterlauf der Sessera ist nicht lohnend, abgesehen von extremen Höchstwasserständen, wenn man die Schluchten nicht mehr befahren kann.

Time for Tango ist zwischen Ostern und Pfingsten. Das Einzugsgebiet ist zwar sehr groß, reicht aber nur bis knapp zweitausend Meter hinauf. Außerdem entnimmt das Kraftwerk etwas Wasser. Der ideale Durchfluß für die erste Schlucht liegt bei zehn Kubikmeter pro Sekunde, für die zweite Schlucht gilt der altbekannte Metzgerspruch:

»Darf es auch noch etwas mehr sein?« Mit Verlaub, ja!

Die Abkürzung

Wasserfälle, Schluchten und Klammen; unbekannte oberste Oberläufe der Sessera: wir kommen!

Immer höher schraubt sich unser alter VW-Bus die Strada Panoramica di Zegna empor. Vorbei an Trivero, vorbei an alten Prachtvillen und herrlichen Rhododendronwäldern. Wir passieren Skilifte am Monte Macra, die Aussicht ist grandios: Tief unten wellt sich die üppig bewachsene Hügellandschaft des südlichen Valsesia, unter dichtem Grün verbergen sich die Moränen, die vom Sesiagletscher im Pleistozän angeschobenen wurden. Dazwischen glitzert der breite, sich oft verzweigende Fluß wie ein

Wildwassercanadierfahren ist bei uns weitgehend unbekannt und ein echter »Geheimtip« für altbackene Kajaker. Die Sesia begeistert selbst abgebrühte Insider der – noch – überschaubaren Canadierszene.

Sesia: Wellen und Walzen zum Tummeln und Schummeln...

Im Wildwassercanadier auf der Sesia. Zweifellos ist dies die ästhetisch und sportlich ansprechendere Art des Wildwasserfahrens.

Ein hoher Fall, ein tiefer Tumpf… Es ist alles da, wovon wir träumen! (Bise Rosse).

Eine der Schlüsselstellen des unteren Mastallone.

Klammeingang des Mastallone.

Ein steiler Sturzbach in einem versteckten, wildromantischen Tal. Von den mir bekannten Wildflüssen ist die Egua der gefällstärkste, und das ohne eine einzige Umtragstelle!

Hohe Wasserfälle mit dem Kajak zu bezwingen, stellt heute nichts Außergewöhnliches mehr dar. Mit dem Canadier dagegen ist hier noch echte Pionierarbeit zu leisten, und vor allem die Eskimorolle erfordert eine ausgefeilte Technik. Gert auf der Egua.

Steilkurve auf dem Sorba, kurz vor dem Ausstieg.

Die Berge des Sesiatales sind zum Greifen nahe. Trotzdem war uns eine durchgehende Befahrung der Vogna nicht vergönnt. Wer wird es als erster schaffen?

goldener Zopf in der schräg stehenden Nachmittagssonne.

Die Bocchetta di Sessera ist der Durchschlupf in den oberen Talkessel von Sessera und Torrente Dolca. Hier zweigt ein kleiner Schotterweg ab, drei Kilometer Holperfahrt bis zum Fluß strapazieren Fahrwerk und Nerven. Dort angekommen stürzen alle aus dem Auto und erkunden.

Einstimmiges Urteil: sehr lohnend! Nur den Aussatz vor oder nach der Mündungsklamm in den Stausee muß man sich noch einmal genauer ansehen.

Da wir schon einmal hier sind, beschließen wir, auch am Torrente Dolca vorbei zu schauen. Während der nächsten halben Stunde gibt der alte Bus sein Bestes, die »Straße« ähnelt immer mehr einem Feldweg, und dann erreichen wir die ersehnte Brücke.

Wieder rennen alle aufgescheucht umher, wieder das einstimmige Urteil: absolut lohnend!

Bertram schaut auf die Karte: »Da gibt es eine Abkürzung, nur fünf Kilometer sind es über einen kleinen Paß in das Sesiatal.«

»Das kann doch gar nicht sein. Ist der Fahrweg auch durchgehend eingezeichnet?«

»Doch, ist er.«

»Aber da ist ein Durchfahrt-Verbotsschild!?«

»Ignorieren!«

Weiter schraubt sich unser altes Büslein empor, und langsam tut er mir leid. Das Lenkrad knackt, die Kupplung kracht, der Schotter besteht inzwischen aus faustgroßen Steinen, und dann diese Kurven!

Serpentine um Serpentine fahren wir hinauf, oft muß ich zurücksetzen, da die Kurven zu eng sind, und dabei funktioniert die Bremse doch fast nicht mehr. Und dann ist Schluß, vor uns der Gipfelgrat! Wir sind auf gleicher Höhe mit der Bergstation des Skiliftes, der von der im Sesiatal liegenden Alpe Mera heraufführt. Der Weg ist zu Ende.

Also wenden wir und fahren wieder hinab. Doch plötzlich: »Huiii...« Die Reifen drehen durch, wir stecken fest. Alle müssen aussteigen und schieben. Und wieder: »Huiiii...« Es ist aussichtslos. Schauer fegen über uns hinweg, wir sind bis auf die Haut durchnäßt, es ist stockdunkel. Ich streike, nehme mir ein Bier und meinen Schlafsack...

Am nächsten Morgen erleben wir einen herrlichen Sonnenaufgang. Zu unseren Füßen liegt das einsame und verlassene, tiefe und düstere Sesseratal, hinter uns glänzen die Schneefelder der Cima di Bo im ersten Sonnenlicht.

Glücklicherweise finden wir bald einige große Steinplatten. Die können wir unter die Räder legen und so, Stück für Stück, den Wagen aus dem Schlamm herausarbeiten. Nach gut einer Stunde haben wir es geschafft, der Bus ist gewendet. Jetzt noch einmal den zermürbenden Feldweg zurück... Aber das ist schon fast eine Erholung!

Glücklich treffen wir auf dem Rückweg unsere Freunde, die mit dem zweiten Auto unten im Sesiatal unterwegs waren. Sie hatten sich schon ernstlich Sorgen gemacht und waren uns nachgefahren, um uns zu suchen. Den steilen Feldweg hatten sie sich und uns dann aber doch nicht zugetraut.

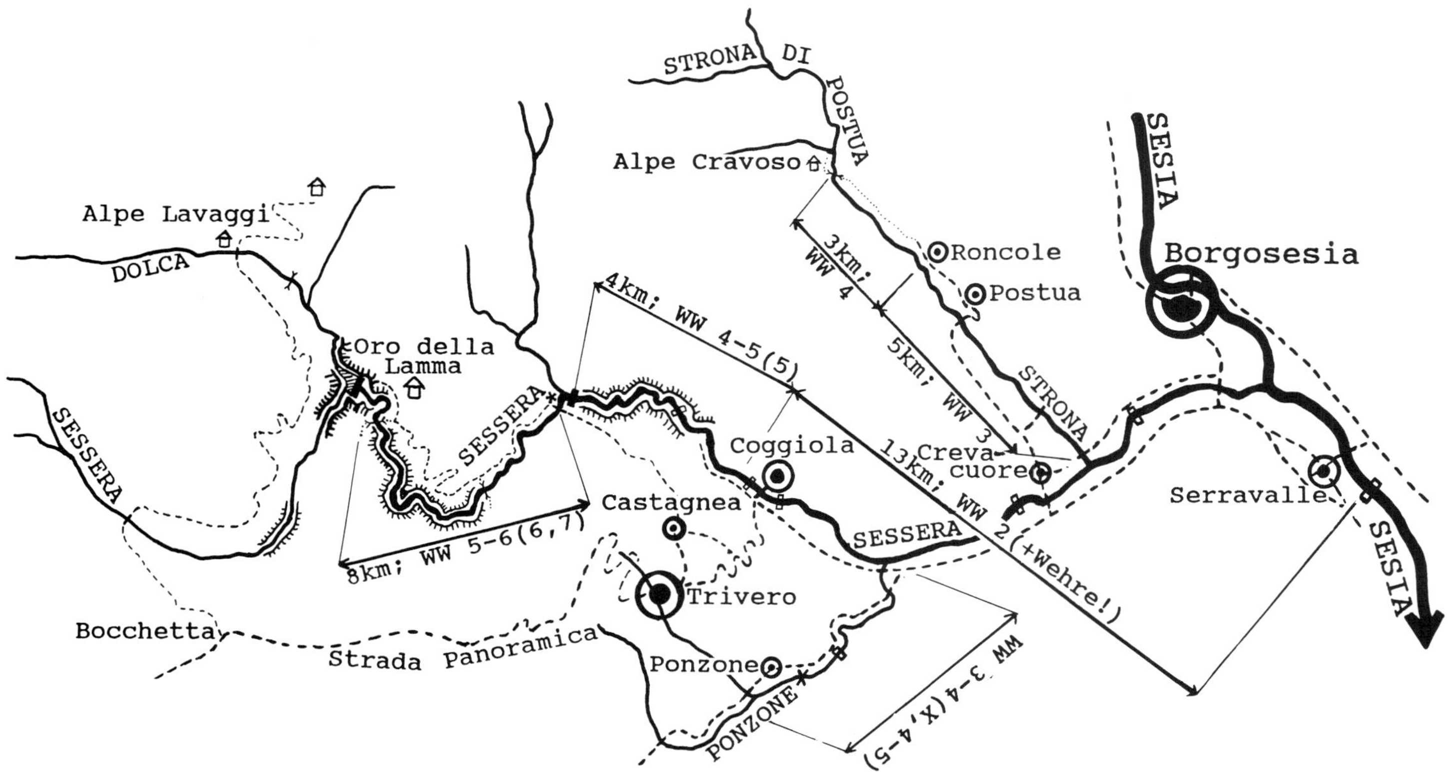

STRONA DI POSTUA
Alpe Cravoso
SESIA
Borgosesia
Alpe Lavaggi
DOLCA
3km; WW 4
Roncole
Postua
4km; WW 4-5(5)
5km; WW 3
STRONA
Oro della Lamma
SESSERA
Coggiola
13km; WW 2 (+Wehre!)
Creva-cuore
Serravalle
Castagnea
SESSERA
8km; WW 5-6(6,7)
Trivero
SESIA
Bocchetta
Strada Panoramica
Ponzone
PONZONE
WW 3-4(X,4-5)

Überblick Valle Sessera

WILDWASSER

Sessera

Unterlauf ab Coggiola nur bei Hochwasser lohnend.

1. Etappe
Einsatz: Am Gatter des Weilers Oro della Lamma. Wiesen bitte nicht zertreten, an der letzten Kurve vor dem Gatter führt ein Pfad zur Sessera hinab.
Aussatz: An der Straße oberhalb der Zentrale Zegna.
Fahrstrecke: Bis zum ersten Straßenkontakt 5 km, 3–4 Stunden. Dann drei Kilometer längs der Straße bis zur Zentrale, 1,5 Stunden
Charakter: Wildwasser vom Feinsten. Viele, dicht aufeinanderfolgende Stufen über das Grundgestein, kurze Klammen.
Schwierigkeiten: Auf den ersten 5 km WW5–6(6,7), danach WW4+ mit drei Katarakten WW5. Vergleichbar dem oberen Tarn ab Pont de Monvert.
Besondere Gefahren: Plötzlich auftauchende Schlüsselstellen, wenig Kehrwasser, Baumhindernisse. Straße in den Klammstrecken nicht erreichbar.
Befahrungszeit: Ostern bis Pfingsten bei 8–12 cbm/s.
Boote: Nur bei wenig Wasser mit dem Kurzboot.
Auto: Umsetzen mit Mountain-Bike. Schotterwege, Steinschlaggefahr.

2. Etappe
Einsatz: Am Wehr bei der Zentrale Zegna.
Aussatz: Vor Coggiola.
Fahrstrecke: 4 km, 3 Stunden.
Charakter: Wuchtige Katarakte in einsamer Schlucht.
Schwierigkeiten: WW4–5 und einmal gegen Ende WW5.
Besondere Gefahren: Straße unerreichbar aber Ufer begehbar.
Befahrungszeit: Verträgt mehr Wasser wie die erste Etappe, ideal sind 15-20 cbm/s.

Auto: Das Umsetzen ist umständlich über engen Schotterweg mit Tunnels.

Unterlauf

Einsatz: Bei Coggiola.
Aussatz: Nach der Mündung in die Sesia beim Wehr in Serravalle Sesia.
Fahrstrecke: 13 km, 2 Stunden.
Charakter: Offene Kiesbankschwälle.
Schwierigkeiten: WW 2 (+ Wehre!)
Besondere Gefahren: Plötzlich auftauchende Wehre mit starkem Rücklauf!
Befahrungszeit: Lohnend nur bei Hochwasser, ca. 50–100 cbm/s.

Strona di Postua

Einsatz: An der Alpe Cravoso 2,5 km oberhalb Roncole.
Aussatz: An der Mündung in die Sessera.
Fahrstrecke: 8 km, 2–3 Stunden.
Charakter: Quirliger Gebirgsfluß mit glasklarem Wasser. Lange Kataraktstrecken mit Wasserwucht.
Schwierigkeiten: Erst WW4 mit Stellen WW4–5, ab Roncole WW3.
Besondere Gefahren: Hohe Strömungsgeschwindigkeit.
Befahrungszeit: Unmittelbar nach Regenfällen bei Hochwasser, 20–30 cbm/s.
Auto: Straße oberhalb Roncole für Pkw gesperrt.

Ponzone

Wir sind von oberhalb des Ortes Ponzone bis zur Mündung gepaddelt. Das Flüßchen ist ekelerregend verschmutzt und biologisch tot und bietet nur fahrtechnisch interessantes WW 3–4 mit plötzlich auftauchenden Überraschungen.

WANDERN

Sehr lohnende Trekkingtouren am langen Ost-Westgrad zwischen Sesia- und Sesseratal.
Im Quellgebiet von Artogna, Vogna, Sorba und Sessera. Viele natürliche Seen, reizend gelegen sind die »Tre Laghi« an der Cima di Bo. Vom 2556 m hohen Gipfel herrliche Aussicht auf den Monte Rosa.

KLETTERN

Klettergarten an der Strada Panoramica di Zegna.

SEHENSWERTES

Coggiola:

Die Madonna della Neve aus dem 17. Jh. Santuario di Cavallero.
Portula-Novereia:
Madonna della Grazie, 18. Jh. Via dei Santuari.

Pray:
Die »Fabrica della Ruota«, in der früher Räder hergestellt wurden.

Serra:
Kirche »San Gregio« aus dem 14. Jh.

Crevacuore:
Madonna della Fontana 16. Jh. in Azoglio.

Postua:
Das Santuario dell'Addolorata aus dem 16. Jh.

Oropa:
Das angeblich älteste Marienheiligtum des Abendlandes ist das Santuario d'Oropa, ein Wallfahrtsort nördlich Biella, der an Lourdes in Südfrankreich erinnert.

◀
Die Strona di Postua in ihrem Oberlauf, den man nur zu Fuß erreicht.

SPEZIALITÄTEN

aus dem Sesia- und Sesseratal

»Miacche«, eine Mehlspeise. »Spallotto«, aus Schweinefleisch. »Toma Valsesiana«, ein typischer Käse, den jeder Hirte nach eigenem Rezept herstellt. »Trote«, die Forelle. »Salami d'la Duya«, »Miele Valsesiana«, ein Wald und Berghonig.

Traditionelle und wenig bekannte Gerichte sind:
»Uberlekke«, eine Fleischplatte. Die Zwiebelsuppe »Ava Cocia«. »Capuneit«, eine Kohlroulade. »Gnucheit«, »Polenta« und »Put«.

KARTEN

SBL, Blatt 4 und Blatt 47 Monte Rosa.
IGN, Blatt 9 Ivrea.
Kompaß, Blatt 88 Monte Rosa und Blatt 97 Omegna.
Kümmerly und Frey, Blatt Lombardei.

Val Mastallone

Mastallone – Standardstrecke

Wer einst dem Mastallone den Spitznamen »Mastschwein« gab, ist nicht mehr bekannt. Zum einen hatte er recht, der Mastallone verträgt viel Wasser. Tatsächlich ist der Fluß aber viel zu schön, um mit einem trägen Mastschwein verglichen zu werden. Hat man es satt, ständig aus dem Boot zu steigen, um die nächsten paar Meter zu erkunden, und sehnt man sich nach zügigem, unbeschwerten Paddelvergnügen, ohne den Nervenkitzel ganz zu vermissen, so ist man auf dem Mastallone genau richtig.

Damit es Spaß macht, sollte der Wasserstand stimmen. Das Einzugsgebiet des Mastallone ist relativ groß und südexponiert, Regenfälle lassen den Fluß schnell anschwellen. Die Schneeschmelze ist aber spätestens Ende Juni vorbei, denn die höchsten Berge reichen nur knapp über zweitausend Meter hinauf. Die für eine Wildwasserfahrt ideale Zeit ist ähnlich wie bei der Sessera und liegt erfahrungsgemäß früher als bei den benachbarten Flüssen Sermenza und Sorba. Völlig ausreichend ist ein Durchlauf von fünfzehn Kubikmeter pro Sekunde, was unten in Varallo in dem breiten Kiesbett den Anschein erweckt, als sei es viel zu wenig. Doch einer genußvollen Paddeltour steht nichts mehr im Wege.

Bei der Anfahrt mit dem Auto wechselt die Straße an einer Engstelle auf die andere Talseite. Dort muß man erst einmal anhalten und aussteigen.

Flußab sieht man eine kleine Steinbrücke, die sich elegant von einer Klammwand zur anderen schwingt. Fünfunddreißig Meter unter der Ponte della Gula schimmert das grünliche, glasklare

Klammeingang des Mastallone. Der Topo-Duo hat sich auch im schweren Wildwasser bewährt.

Wasser des Mastallone. Es ist hier über zehn Meter tief, senkrecht ragen die Felswände rechts und linksufrig aus dem Fluß. An der Felswand erkennt man einen alten Saumpfad. Er war früher der einzige bequeme Zugang zum Val Mastallone. Ein Gedenkstein zeugt von der Bedeutung dieses Weges und der Brücke zur Zeit des Widerstandes gegen den Nationalsozialismus.

Damit nicht ein ähnliches Mahnmal für den »gefallenen Kanuten« hinzukommt, muß man sich die gefährliche kleine Stufe stromauf genau ansehen. Sie ist zwar nur einen halben Meter hoch, hat aber einen derart gewaltigen Rücklauf, daß sie als Kriterium angesehen werden kann. Sie begrenzt den maximal möglichen Wasserdurchlauf und kann für Kurzboote und Trödler zu einer lebensgefährlichen Falle werden. Ein Umtragen oder Entrinnen aus der Klamm ist nicht möglich!

Plant man, nur die untere Standardstrecke zu fahren, so bootet man kurz oberhalb des Torrente Sabbiola ein. Von hier aus sind es sieben interessante Kilometer bis Varallo. Stufenförmig fällt der Bach, längere, unübersichtliche Katarakte überraschen plötzlich mit ihrer Wucht. Einen guten Vorturner vorausgesetzt, läßt sich fast alles auf Sicht fahren. Jedenfalls wenn man über die nötige Technik verfügt, kleine Kehrwasser in letzter Sekunde zu treffen.

Die drei schweren Stellen kommen plötzlich und überraschend. Nicht nur zum Fotografieren muß man dort aussteigen. Durch einen engen, gewundenen Kanal schießt mein Kajak hinab, und ich bin angenehm überrascht. Die Durchfahrt ist tatsächlich leichter, als es vom Ufer aus den Anschein hatte.

Der Klammeingang gleich danach ist nicht zu übersehen. Fährt man mit dem rasanten Schwall genau in die Verschneidung, so reicht es zumindest zu einem vollständigen Versenker. Mit etwas Glück schaffen wir auch eine Bilderbuchkerze und mehrere Überschläge.

Die Klamm selbst ist, bis auf den oben erwähnten Rücklauf, unproblematisch. So haben wir Muße, die Eindrücke auf uns wirken zu lassen. Weit hängen die ausgespülten Felswände über uns, düster und unheimlich ist es hier unten. Ab und zu verirrt sich

Wir schwingen uns in ein Kehrwasser und trauen unseren Augen kaum, was wir da zu sehen bekommen.

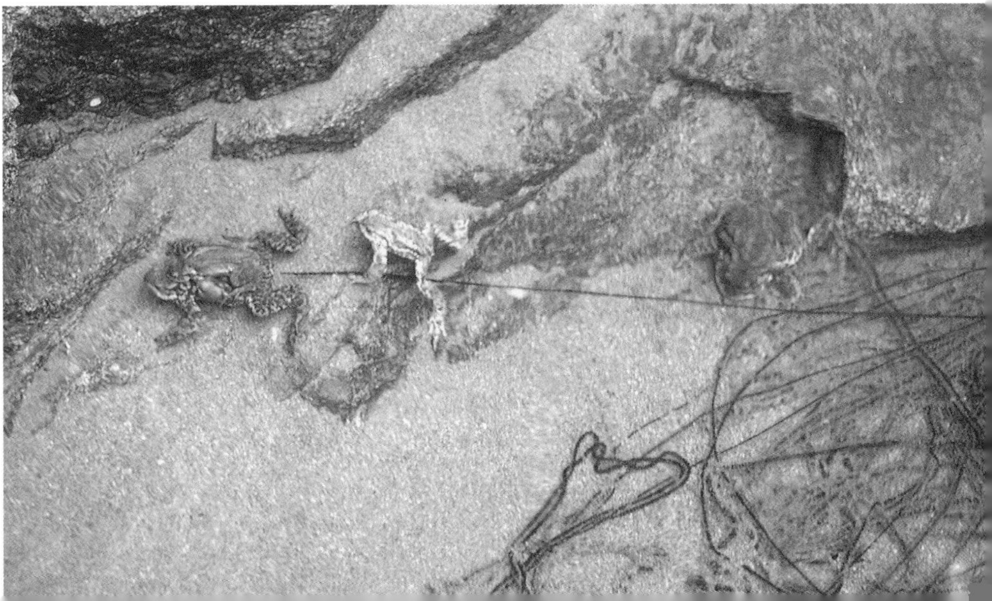

ein Sonnenstrahl und läßt das klare, tiefe Wasser grünlich schimmern. Ich lasse mich zu Freudenschreien hinreißen. Was gibt es doch für schöne Fleckchen auf unserer Erde!

Da der fahrtechnisch anspruchsvolle Klammeingang auch umtragen werden kann, ist dieses Erlebnis nicht nur für erfahrene »Klammfüchse« reserviert, sondern auch etwas für passionierte »Klemmfixe«.

Nach der Ponte della Gula öffnet sich das Tal zu einer ansprechenden Schlucht. Zwischen dichtem Grün zieht der Mastallone in vielen Kurven dahin, immer wieder begeistert er uns mit herrlichen, verblockten Katarakten. Die ruhigen Zwischenstücke mit schönen, tiefen Badegumpen laden ein zum Anlanden und Verweilen. »Mastello« heißt ja auf Italienisch »Bottich«- vielleicht bekam er daher seinen Namen?

Am Wochenende liegen auf den Kiesbänken am Rand der Bottiche Sonnenanbeter und Badende, die diese einsame Natur für sich entdeckt haben. Für uns Wildwasserfahrer ist das in Italien eine eher seltene Begegnung.

In einem der Kehrwasser entdecken wir Hunderte von Fröschen. Sie linsen aus dem Wasser, sinken auf den Grund, paaren sich und laichen. Fasziniert schauen wir ihnen eine Weile zu, sie lassen sich beim Gerangel um die Weibchen nicht stören.

Dann treiben wir an den ersten Häusern von Varallo vorbei. Das Fahrtende schon fast vor Augen, brüllt der Fluß noch einmal wütend auf. In einem gefällstarken, engen Kanal kann ein letztes Mal kräftig hingelangt werden, bevor man auf ruhigem Wasser der Sesia entgegenschippert. Das Umtragen, bei diesem glatten Sechser sicherlich keine Schande, ist zum Glück ganz leicht.

Beenden sollte man eine gelungene Befahrung des Mastallone mit einem Umtrunk im Cafe Nazionale. Hier sitzt man auf einer Brücke direkt über dem Fluß. Der Blick gleitet über die ineinandergeschachtelten Dächer von Varallo. Hoch über dem schmucken Städtchen thront erhaben der Sacro Monte. Spätestens jetzt wird auch dem letzten Zweifler bewußt, daß ein abfälliger Spitzname für diesen Erste-Klasse-Fluß völlig fehl am Platze ist.

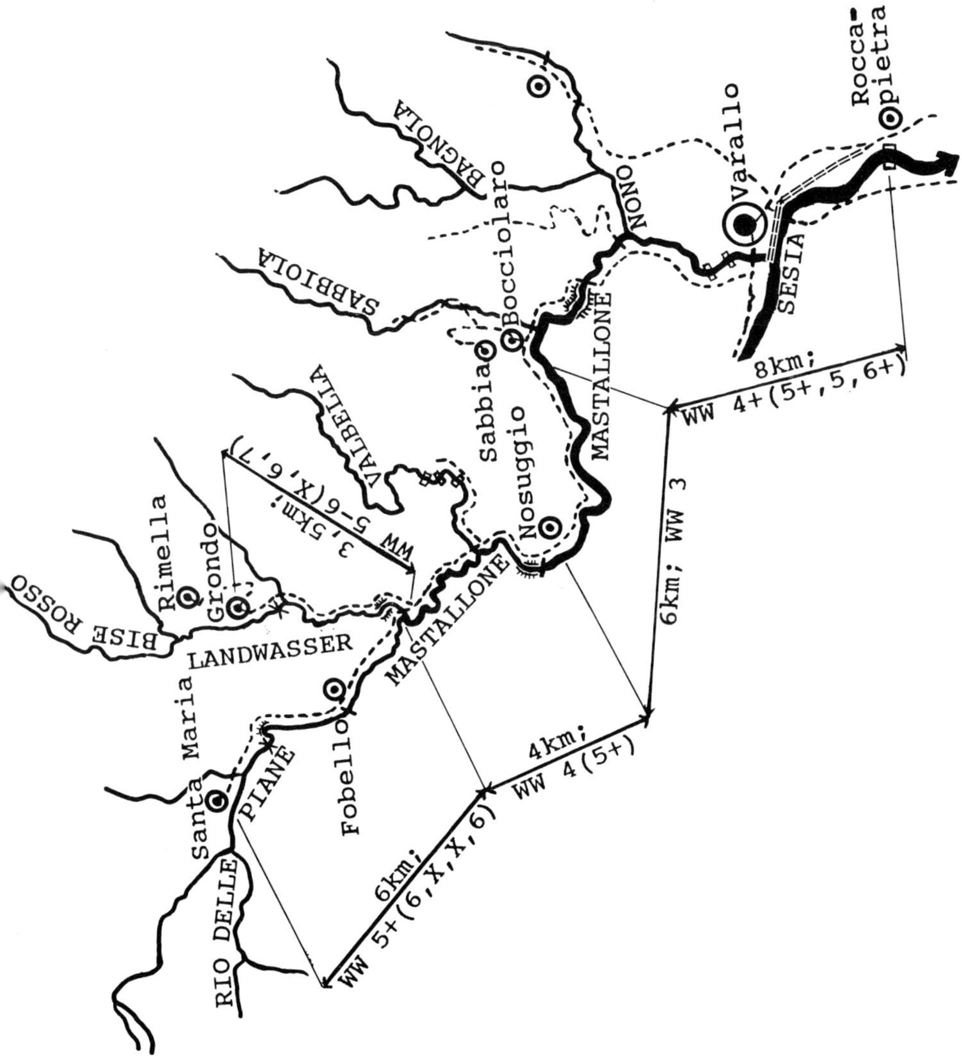
Rocca-
pietra
Varallo
SESIA
NONO
BAGNOLA
Bocciolaro
SABBIOLA
Sabbia
MASTALLONE
8km;
WW 4+(5+,5,6+)
Nosuggio
6km; WW 3
VALBELLA
3,5km;
WW 5-6(X,6,7)
Rimella
Grondo
BISE ROSSO
LANDWASSER
MASTALLONE
4km;
WW 4(5+)
Fobello
Santa Maria
PIANE
RIO DELLE
6km;
WW 5+(6,X,X,6)

Dieser Wasserfall ist der Höhepunkt des Bise Rosse.

Überblick Val Mastallone

WILDWASSER

Bise Rosso (= Torrente Landwasser)

Einsatz: In Grondo an der ersten Serpentine. Trägt man von Rimella aus hinein, müßten auch noch Strecken oberhalb gehen.
Aussatz: Am Zusammenfluß mit dem Rio di Piane.
Fahrstrecke: Ab Rimella 3,5 km, 4 Stunden.
Charakter: Offene Schlucht mit einer kurzen, wunderschönen Klamm.
Schwierigkeiten: Fahrtechnisch ähnlich dem oberen Dourbie. Überwiegend WW5–6 mit einer unfahrbaren Stelle bald nach dem Start, Verklemmgefahr. Klamm mit Eingangswasserfall WW6, später steile Kataraktstrecke WW7.
Besondere Gefahren: Hitzköpfige Angler. Vor den Schlüsselstellen nur kleine Kehrwasser. Zu hoher Wasserstand.
Befahrungszeit: Wenn der Mastallone Idealwasserstand hat.

Rio delle Piane (= oberer Mastallone)

Einsatz: Straßenende in Santa Maria.
Aussatz: Am Zusammenfluß mit dem Bise Rosso.
Fahrstrecke: 6 km, 4 Stunden.
Charakter: Steile Katarakte und Stufen zwischen großen Felsen, offene Schlucht. Viele alte Brücken.
Schwierigkeiten: WW5 + mit einigen Stellen darüber.
Besondere Gefahren: Unsaubere Unterwasser. Schlüsselstellen bei La Piana nicht von der Straße aus zu sehen. Doppelter Geröllfänger in Fobello.
Befahrungszeit: Während der Hochschmelze zwischen Ostern und Pfingsten, verträgt mehr Wasser als der Bise Rosso.

Mastallone

1. Etappe

Einsatz: Am Zusammenfluß des Rio delle Piane und des Bise Rosso an der Ponte Due Acque.
Aussatz: Nach der hohen Natursteinbrücke von Nosuggio, links.
Fahrstrecke: 4 km, 2 Stunden.

Charakter: Offene, wuchtige Katarakte in schöner Felsschlucht.
Schwierigkeiten: Ähnlich der Koppentraun, WW4. Die letzte Stelle vor der Brücke WW5 + .
Befahrungszeit: April bis Juni bei etwa 12 cbm/s. Auch bei mehr möglich.

2. Etappe
Einsatz: In Nosuccio.
Aussatz: Eisensteg oberhalb der Mündung des Sabbiola in Occiolaro.
Fahrstrecke: 6 km, 2 Stunden.
Charakter: Schönes, breites Kiesbett, längere Schwälle. Große Kehrwasser zum Üben und Spielen.
Schwierigkeiten: Vergleichbar der Soca bis vor die gesprengte Brücke, WW3.
Befahrungszeit: Verträgt viel Wasser.

3. Etappe
Einsatz: Eisensteg.
Aussatz: Nach dem Zusammenfluß mit der Sesia am Wehr in Roccapietra.
Fahrstrecke: Bis zur Mündung 8 km, 4 Stunden.
Charakter: Verblockte Katarakte, Stufen und kurze Felsgassen in engem Tal. Kurze, gewaltig ausgespülte Klamm bei der Ponte della Gula.
Schwierigkeiten: WW4 + mit drei Stellen darüber: Der erste Felskanal ist WW5 + , der Eingang in die Klamm WW5, in der Durchbruchstrecke von Varallo wartet ein Grundgesteinsschlitz WW6 + .
Besondere Gefahren: Alle Schlüsselstellen sind leicht umtragbar. Nicht zu umtragen ist die kleine Stufe vor der Ponte della Gula. Sie wird ab 10 cbm/s kritisch.
Befahrungszeit: Je nach Wasserstand hat die nur knapp einen halben Meter hohe Stufe in der Klamm einen gewaltigen Rücklauf. Für alle anderen Passagen sind 10–20 cbm/s ideal.

Nono und Bagnola
Erkundenswert ab der Straßenbrücke bei Camasco oder zum größeren Zufluß Bagnola hineintragen.
Sabbiola
Haben wir nur erkundet. Kleines Sträßchen führt 3 km längs dem Fluß hinauf. Steiles Kiesbett, steinig, zwei Röhrenbrücken.

Valbella
Auch nur erkundet. Straße endet nach ca. 3 km. Steile, gerölIige Klamm, müßte aber gehen. Weiter oberhalb Geröllfänger.

WANDERN

Von Rimella 1200 m zur Alpe Bise Rosse in den Talschluß unterhalb der Cima Campezzone.
Ein alter Walserpfad führt von San Gottardo bei Rimella 1300 m zur Bocchetta di Campello 1920 m und weiter nach Campello Monti 1300 m ins Stronatal. 4 Stunden.
Von Santa Maria 1034 m zur Alpe Baranca 1800 m. Geologisch interessant ist eine natürliche Flußanzapfung: Durch Erosion wurde der Abfluß des nördlich vom Colle Egua entspringenden Baches nach Süden umgelenkt. Hoher Wasserfall, alter Saumpfad.

SEHENSWERTES

Verlassene Minen nahe der Ponte due Acque.

Fobello:
Die Kirche San Giacomo wurde 1545 erbaut und 1781 durch ein Hochwasser zerstört. 1820 wiederaufgebaut und am 23. Mai 1923 abermals fortgespült. Der heutige Turm stammt aus dem Jahr 1931. Kreuzweg mit Fresken. Traditionelle Handstickerei »Il Puncetto«. Geburtsort von Vicenzo Lancia, dem bekannten Automobilhersteller.

Rimella:
Wurde im 13. Jh. als erste Walserkolonie des Valsesia gegründet. Volkstümliche, traditionelle Trachten. Walsermuseum.

Cravagliana:
Älteste Kirche des Tales.

RETTUNGSDIENST

Rimella, Telefon 0163/55201 oder 55200
Fobello, Telefon 0163/55143 oder 55114 oder 55124

Valle Sermenza

Sermenza – Oberlauf

Pfingsttreffen vom Alpinen Kajak-Club an der Sesia! Wie immer bei solchen Treffen, fahren wahllos zusammengewürfelte Gruppen Flüsse im obersten Schwierigkeitsbereich, und so kommen von den zehn Wildwasserexperten, die an der oberen Sermenza in San Giuseppe einbooten, nur drei am See unten an. Alle

Glasklares Wasser und eine herrliche Landschaft sind im Piemont noch fast selbstverständlich.

anderen haben sich mehr oder weniger erschöpft mit dem Boot auf der Schulter zur Straße durchgeschlagen.

Bertram und mir bewilligt man leider erst später Urlaub. Als wir nach anstrengender Nachtfahrt auf dem Zeltplatz ankommen, gewittert es. Über herumliegende Bierflaschen stolpernd finden wir endlich die Zelte unserer Freunde. Sie erzählen von der letzten Befahrung:

»Zehn wilde Paddler, die booten oben ein, am Einsatz gleich ein Wasserfall, da waren's nur noch neun.

Neun Paddler fahren die Steilkurve hinab, da hat's mal eben ›Peng‹ gemacht, da war ein Paddel ab.

Die andern achte sind beherzt weiter hinabgetrieben, doch nach der dritten schweren Stelle waren's nur noch sieben.

Sieben Paddler sichern das höllisch dicke Loch, doch einer hat die Hosen voll und trägt zur Straße hoch.

So sind es nur noch sechse, die die nächste Stelle umtragen.

Immer rein in den Nudler, ob das wohl gutgeht?

Die Rutsch' danach ist reichlich schwer und einer tut verzagen.
Sie kommen an den hohen Fall:«Da geht's ja ab wie's Tier!«
Der nächste trägt zur Straße hoch, da sind es nur noch vier.
Im nächsten großen Kehrwasser sind dreie sehr verstört. Der vierte kommt nicht hintendrein, er hat wohl aufgehört.
Wir drei nur kamen unten an, und alles ist noch heil!«
»Wie ist das Bächlein? Sag, wie ist's?«
»Sermenza? Steil und geil!!!«
»Morgen, wie wär's morgen, heh. Wollt ihr's noch einmal machen?«
»Na klar. Sofort. Wir fünf – au ja! Auf Sicht hinunterkrachen!«

Sermenza – Kraftwerksstrecke

Das Sermenzatal ist für den Wildwasserenthusiasten das wohl ansprechechendste Tal überhaupt. Biegt man in Balmuccia aus dem großen Valsesia in das enge und kleine Valle Sermenzab, das auch Valle Piccola heißt, so sind die Würfel gefallen: Die vier Tagesetappen, die man hier in diesem nicht einmal zwanzig Kilometer langen Seitental befahren kann, sind auf der Wildwasser-Schwierigkeitsliste ganz oben angesiedelt. Begegnet man anderen Kanuten, so darf man sich nicht wundern, wenn man selbstverständlich als Experte angesprochen wird. Kenner und Könner sind unter sich.

Selbst diese fahren oft an der Kraftwerksstrecke der Sermenza zwischen dem Stausee und Fervento achtlos vorbei. Das Adrenalin, die Vorfreude auf die Oberläufe, drückt auf dem Hinweg, und zurück erzählt man sich begeistert die bestandenen Abenteuer. Wozu soll man da noch diese schlapp und steinig aussehende Teilstrecke erkunden?

Tatsächlich fehlt dieser Etappe oft das Wasser, es wird vom Stausee über eine Druckleitung zum Kraftwerk nach Fervento abgeleitet. Gegen Abend, wenn die Schneeschmelze die oberen Quellbäche anschwellen läßt, läuft der Stausee über. Man muß den Moment genau abpassen, denn allzuviel Zeit bleibt nicht mehr, die Sonne hat das Tal bereits verlassen. Oben an der Straßenbrücke bei der Staumauer booten wir ein.

Gleich nach dem Start hoppeln wir über einen steilen Katarakt in eine enge Klamm. Dort wird das Wasser zusammengepreßt und wir bekommen das erste Mal seine Wucht zu spüren, Freude kommt auf. Vor den kritischen Stellen können wir auf kleinen Felsbalkonen anlanden und besichtigen. Das erste Kriterium ist eine anderthalb Meter hohe Schrägrutsche mit kräftiger Walze. Der Druck ist so stark, daß es mein Kajak im Überschlag hinausschiebt.

Nach einer kurzen offenen Strecke verschwindet die Sermenza über einen Katarakt in einer zweiten Klamm. Die Eingangsstufe ist höllisch: Insgesamt vier Meter hoch, hinter dem Abfall tief ausgespült mit kräftigem Rücklauf. Es erinnert mich an den Wasserfall in der Rißbachklamm, nur daß dort der Pilz stärker unter die Wand zieht. Auch hier muß ich ganz nach links anspurten, versuchen, daß der Topolino flach aufklatscht und nicht abtaucht. Doch gibt es keine ruhige Abbruchkante, die Sermenza schäumt schon vor dem eigentlichen Abfall kräftig auf. Ich frage Oli, vielleicht macht er ja das »Versuchskaninchen«.

Doch der grinst mich nur an und meint, er würde umtragen. Umtragen? Eine Stelle, die fahrbar ist? Nein! Also muß ich doch als Erster...

Mit gemischten Gefühlen steige ich ins Boot. Kräftig losgepullt, das Eintauchen in die Gischt, ich reiße rechts den letzten Paddelschlag an und werfe mich ganz zurück. Klatsch- und durch. Es war ganz einfach, alles verlief nach Plan. Vom ruhigen Kehrwasser aus grinse ich zu Oli hinauf. Ich bin durch.

Der läßt es sich jetzt auch nicht nehmen. Steigt ins Boot, plumpst herunter und wird unten kräftig aufgemischt. Nach längerem Kampf mit sprudelnden Bläschen und kräftigem Rollen hat er es geschafft, jauchzend treiben wir im ruhigen Kehrwasser.

Die anderen haben mit Hilfe der Landmannschaft umtragen. Wild gestikulierend stehen sie ein Stück stromab. Ein Katarakt, der in eine Steilkurve mit Rutsche übergeht, acht Höhenmeter fällt die Sermenza hinab. Motiviert vom vorherigen Hupfer fahren Oli und ich auch diese Stelle. Der Kommentar der Zusehenden: »Also das hat mit Bootfahren nichts mehr zu tun. Das sind Stunts.«

Nach diesen Höhepunkten fächert das Flußbett auf, zwischen großem Geröll sucht sich die Sermenza ihren Weg bergab. In einer weiten Linkskurve teilt sie sich, nur der rechte Arm ist fahrbar. Und dann erreichen wir matt, erschöpft und gerade noch rechtzeitig vor der Nacht das erste Wehr.

Sermenza – Fervento bis Balmuccia

Die untere große Sermenzaschlucht ist bei frühsommerlichen Wasserständen eine Herausforderung für jeden Spezialisten. Hier erlebt man außergewöhnlich wuchtige Steilabfälle und damit schnell die Grenzen des eigenen Könnens. Die Landschaft ist wild und einsam, die Straße verläuft weit oberhalb der Kernschlucht.

Das Kraftwerk in Fervento läßt werktags ab elf Uhr Wasser ab. Darum kann man die untere Sermenza das ganze Jahr über am Nachmittag fahren, nur an Wochenenden im Spätsommer liegt das Flußbett ganztägig trocken. Im Frühjahr hat man andere Probleme, da gibt es meist zu viel des Guten. Ein unerwarteter Kraftwerkszuschuß überrascht in der Schlucht mit einer derartigen Zunahme der Wassermenge, daß uns nur noch der kontrollierte Rückzug zur Straße hinauf bleibt.

Bevor man sich auf den Bach wagt, sollte man sich erkundigen, ob und wann Wasser abgelassen wird. Dann versucht man irgendwie, sich zu dem Tumpf des hohen Wasserfalles von Fervento durchzukämpfen. Dort wird rechtsufrig ein weiteres Kraftwerk gebaut, eventuell ist es möglich, über die Zufahrtstraße hinab zu gelangen. Unten am neuen Turbinenhäuschen booten wir ein.

Die große Schlucht der Sermenza beginnt fahrtechnisch relativ einfach. Auf den ersten zwei Kilometern bis zu einer großen Steinbrücke haben wir Zeit, uns warmzupaddeln. Über die Brücke führt ein Fußweg von Boccioleto nach Palancato, und hier bekommt man eine Ahnung von den zu erwartenden Schwierigkeiten. Wer Probleme mit der zu großen Wassermenge hat, sollte besser aufhören. Jetzt kann man noch zur Straße hinauftragen, nach der Brücke ist das nicht mehr möglich.

Es folgt Schlag auf Schlag eine Höchstschwierigkeit nach der anderen. Andauernd muß man Aussteigen, Anschauen und Sichern. Ein herausragender, sechs Meter hoher Wasserfall ist rechts nicht tief genug, doch wenn man ihn sauber nach links anspitzt, fliegt man an der Steinplatte im Unterwasser vorbei. Ein anderer drei Meter hoher Fall hat einen enormen Rücklauf aus dem nur sichernde Kameraden heraushelfen können. Dazwischen folgt Steilkatarakt auf Steilkatarakt mit einem solchen Gefälle und einer solchen Wucht, daß uns das Wasser nur noch so um die Ohren pfeift. Ins Volle greifen ist hier angesagt, sonst macht man einen schnellen und gefährlichen Ausstieg in einem der vielen Rückläufe und Walzen. Jene, die Schlüsselstellen gerne umtragen, geraten in Versuchung, alles zu umtragen, und das ist nicht nur gefährlich, sondern aufgrund der Fülle der schweren Stellen sinnlos.

Wie im Treppenhaus geht's runter.

Bis zu den großen Wiesen der Piane d'Ambrogio beruhigt sich die Sermenza, jedoch aufgepaßt! Ein leicht und übersichtlich aussehender Schwall endet unvermittelt mit einem Drei-Meter-Hupfer in brodelndes Unterwasser. Danach wird die Sermenza leichter. Bei höheren Wasserständen, so heißt es in einer Beschreibung, sollte man erst hier einbooten...

Klemens und ich haben bei unserer ersten Befahrung leicht braunes Hochwasser. Wir starten in Fervento, immer höher steigt der Wasserstand im Laufe des Tages, es ist ein wahrer Höllenritt. Gegen Ende, als die Schwierigkeiten nachlassen, sind wir erleichtert. Wir gelangen an einen langgezogenen Katarakt, der um eine Bergflanke nach rechts herum verschwindet. Ohne Zögern sausen wir hinab, doch hoppla! Mehrere große Wellen, Walze rechts, Walze links und wir schießen in eine unbekannte Klamm. »Wenn das nur gutgeht!« und »Wenn jetzt ein Baum kommt, sind wir hin!« rast es mir durch den Kopf. Ich treibe eine Stufe kopfüber hinunter und spüre Grundberührung bevor ich rolle. Verwundert sehe ich Blut von meinen Fingern tropfen. Doch es bleibt keine Zeit, hinter der nächsten Abbruchkante wirbelt Klemens' Taifunspitze durch die Luft. Schnell versuche ich anzulanden und reiße den Rettungssack aus dem Boot. Aufgrund der steilen Ufer kann man kaum zu dem Abfall vorausklettern. Klemens hängt im Rücklauf einer Schrägrutsche fest! Zum Glück kann er sich nach mehreren Überschlägen selbst befreien, eine Bergeaktion ist hier so schnell nicht durchführbar.

Ein anderes Mal, wieder an der gleichen Stelle, half mir seine Bootsspitze. Es war im Herbst bei wesentlich weniger Wasser, ich wurde mit dem Topo kräftig aufgemischt, hatte keine Chance und mußte reichlich Wasser schlucken. Dabei hatten wir uns die Klamm extra vorher von oben von der Straße aus angesehen!

Diese letzten Meter der Sermenza muß man mit dem nötigen Respekt angehen und unbedingt absichern, auch wenn man durch die vielen Höchstschwierigkeiten vorher schon abgestumpft und ermüdet ist.

Egua

Zwischen den vielen, hervorragend schönen Wildwassern des Piemont nimmt die Egua eine Sonderstellung ein. Schon seit Jahren sind wir immer wieder vom Sermenzastausee aus hinaufgefahren und haben sie ehrfurchtsvoll und mit heimlichem Verlangen angesehen. Fasziniert bewundern wir ihre vielen Wasserfälle, mit wachsender Begeisterung klettern wir ihre Extremstellen ab: Was wohl passiert, säße man jetzt dort im Boot. Erwischt man die Lücke? Kann man sie richtig anspitzen, das Boot rechtzeitig aufkanten und mit dem letzten Schlag in die richtige Richtung drücken? Wie stark hält wohl der Rücklauf? Ist das nicht doch alles etwas zu dick???

Immer wieder fanden wir einen Grund, die Befahrung noch einmal aufzuschieben. Mal war zu viel, dann wieder zu wenig Wasser, und außerdem ist da ja noch die wunderschöne Sermenza... Kurzum, wir hatten einen Heidenrespekt und trauten uns nicht.

Als wir nächstes Jahr an Pfingsten erneut nachschauen, werden wir von einem heftigen Regenguß überrascht. In einem der Lawinentunnel kurz vor Corcaforo suchen wir Schutz und über-

Mit dieser netten Rutsche beginnt die Egua.

150‰ Gefälle müssen überwunden werden.

nachten dort. Am nächsten Morgen treiben frisch entwurzelte Baumstämme vorbei, scharf klingt das Klacken der Steine, die die Egua in ihren braunen Wassermassen mit sich reißt. Ein Befahrungsveruch ist ausgeschlossen, wieder einmal weichen wir auf die Sesia aus.

Drei Tage später. Der Wasserstand ist stark gefallen, das Wasser glasklar. An der Brücke am oberen Ortsende von Ferrate steigen wir in die Kajaks. Und dann folgt das steilste, durchgehend befahrbare Wildwasser überhaupt: Hundertfünfzig Promille Gefälle !!!

Gleich nach dem Einsatz kommt ein neun Meter hoher Wasserfall. Der Tumpf ist groß und tief, die schräge Schanze der Einfahrt sollte in der Außenkurve genommen werden. Nach diesem tollen

Hinter dem Sägewerk von Ferrate geht »die Post ab«

Auftakt folgen herrliche Schanzen, Fälle und Rutschen bis Molino. Dort befindet sich mitten im Ort eine kurze Gerade, die den Höhepunkt einer Eguabefahrung darstellt: Die erste Stufe hat eine verblockte Anfahrt, man muß mit der Bootsspitze genau auf die große Steinplatte auffahren und seitlich mit dem Kajak zwei Meter in den Schlitz hinunterkippen. Man fällt direkt auf eine kleinere Stufe, die das Boot mit einer Kerze in den nächsten Gumpen befördert. Es folgt eine insgesamt drei Meter hohe Steilkurve. Nach einem unfreiwilligen Überschlag braucht man viel Kraft, um sich aus dem Rücklauf zu befreien. Gleich aus dem Tumpf heraus stürzt das Wasser erneut über eine Kante und ein sieben Meter hohes Dach aus buckligem Grundgestein hinunter. Am wenigsten rumpelt es, wenn man ganz rechts durch die Einkerbung fährt. Gleich darauf kommt ein enger Röhrenfall, sechs Meter hoch mit starkem Rücklauf, in dem man leicht hängen bleibt. Josef Haas beschreibt eindrucksvoll in seinem Korsikabuch Band zwei einen solchen Beinahe-Unfall, der ihm an der Kaspergasse des mittleren Rizzanese passiert ist. Den entschlossenen, tatkräftigen und schnellen Rettungsaktionen meiner Kameraden ist es zu verdanken, daß uns Ähnliches bis jetzt erspart blieb.

Vorheriges Ansehen ist ein unbedingtes »Muß« bei jeder Stelle, die nicht vom Boot aus einsichtig ist. Auf der Egua ist es deshalb alle paar Meter notwendig auszusteigen. Es empfiehlt sich, das Auto vorher umzusetzen und die ganze Fahrstrecke abzulaufen, die Straße ist immer ganz nahe am Fluß. Zu Fuß ist man hier viel schneller als mit dem Kajak, darum eignet sich die Egua optimal für eine fotografierende und helfende Landmannschaft.

Unterhalb Molino fächert sich das Flußbett auf, das Wasser verteilt sich in mehrere mögliche Durchfahrten. Die Egua fällt hier nicht mehr über das Grundgestein, sondern sucht sich ihren Weg im steilen Kiesbett zum Sermenzastausee. Zu meiner Freude geht die Befahrung besser als erwartet, die Durchlässe sind meist offen und liegen gerade hintereinander. Im rasanten Tempo schiebt es uns zwischen großen Felsen bergab. Einzelne Stellen können sich bei jedem Hochwasserstand ändern, und so bleibt mir nur der Hinweis, daß wir bei unserer ersten Befahrung alles befahren haben. Manches Mal muß man allerdings tief in die Trickkiste greifen, um steck- und verklemmgefährliche Situationen erfolgreich zu meistern.

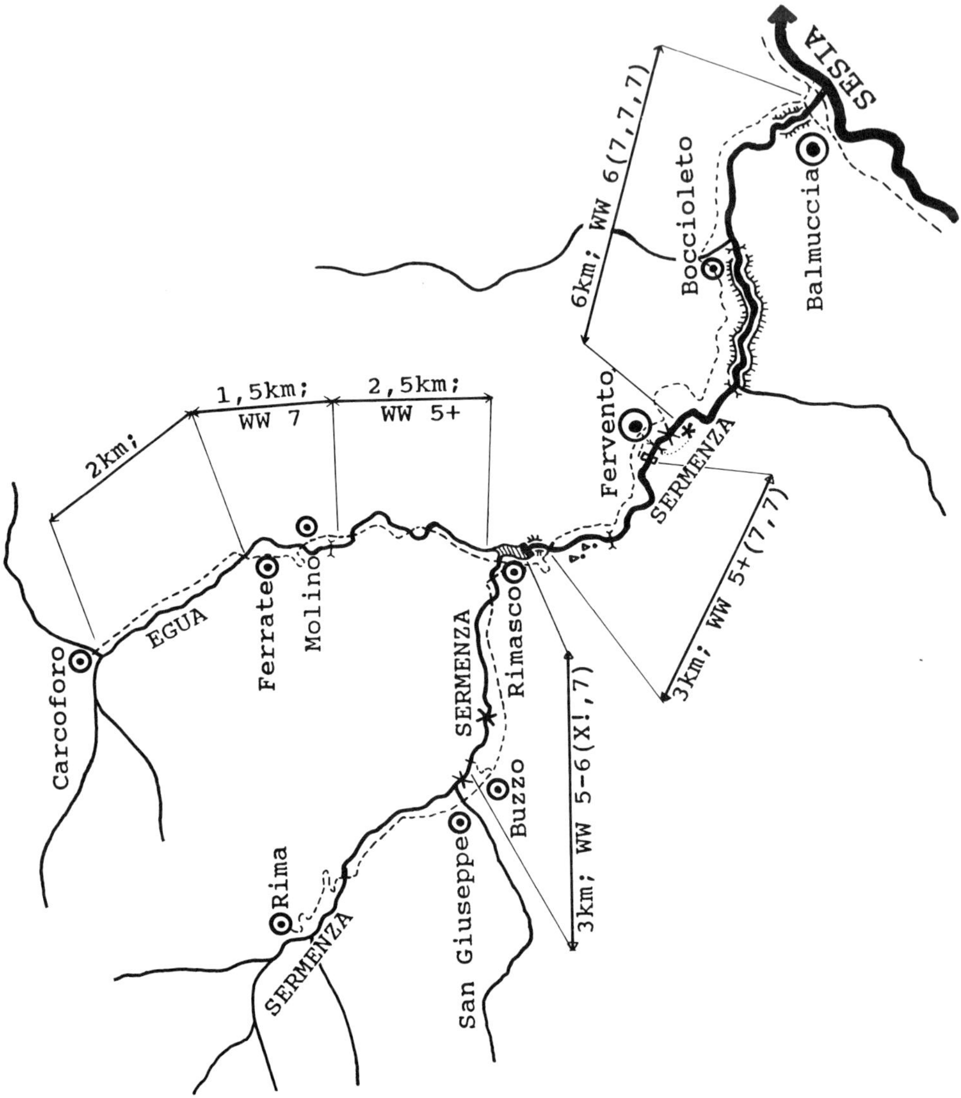
SESIA
Balmuccia
Boccioleto
6km; WW 6(7,7,7)
Fervento
SERMENZA
3km; WW 5+(7,7)
2km;
1,5km;
WW 7
2,5km;
WW 5+
Carcoforo
EGUA
Ferrate
Molino
Rimasco
SERMENZA
3km; WW 5-6(X!,7)
Buzzo
San Giuseppe
Rima
SERMENZA

Überblick Valle Sermenza (= Valle Piccola)

WILDWASSER

Sermenza, Oberlauf

Oberhalb des Wasserfalles von Buzzo steil, steinig, nicht lohnend. Den 15m hohen Wasserfall sind wir nicht gefahren.
Einsatz: Am unteren Ortsende von Buzzo zweigt ein kleines Sträßchen rechts ab und endet an einer Brücke. Die Stufen vor der Brücke sind lohnend.
Aussatz: Im Stausee, an der Staumauer rechts.
Fahrstrecke: 3 km, 3 Stunden.
Charakter: Offenes Tal, die Sermenza fällt über Felsrippen, in die sie sich oft eingegraben hat.
Schwierigkeiten: Steile Katarakte, starkes Gefälle. Eine unfahrbare Stelle, der Fluß presst sich durch eine verwinkelte Kerbe. In der Kernstrecke danach WW5–6 mit dem Trompetenfall WW7.
Besondere Gefahren: Rückläufe. Das Aussteigen im Kehrwasser vor der unfahrbaren Stelle ist durch glatte Felsplatten erschwert.
Befahrungszeit: Wie Egua, verträgt mehr Wasser.

Sermenza unterhalb des Stausees

1. Etappe

Einsatz: Straßenbrücke direkt unterhalb der Staumauer.
Aussatz: Am Wehr in Fervento.
Fahrstrecke: 3 km, 4 Stunden.
Charakter: Offener Talgrund. In den Schlüsselstellen fällt die Sermenza über schrägen Schichtgranit in tief ausgespülte Bassins.
Schwierigkeiten: WW5 + , bald nach dem Start zwei Fälle in klammartige Verengungen, je WW7. Wasserwucht.
Besondere Gefahren: Kraftwerksbedingt rasch wechselnde Wasserstände. Vorsicht in den Katarakten bei den jeweils von rechts mündenden Seitenbächen, Steckgefahr. Den unfahrbaren Fall unter dem Steg kann man rechts auf einer »Chicken Route« weiträumig umholpern.

Befahrungszeit: Nur zur Zeit der Hochschmelze im Juni, wenn der Stausee überläuft. Dies ist meist erst am Nachmittag der Fall.

2. Etappe
Einsatz: Am unteren Ortsende von Fervento steil und anstrengend hinabtragen. Eventuell bequemere Möglichkeit am neuen Kraftwerk auf der anderen Flußseite.
Aussatz: In Balmuccia unter der alten Brücke rechts. Weiterfahrt auf der Sesia möglich.
Fahrstrecke: 6 km, mindestens 5 Stunden.
Charakter: Tiefe Schlucht weitab der Straße. Bei der alten Steinbrücke von Piaggiona beginnt eine Felssturzzone.
Schwierigkeiten: Riesige Blöcke, enormes Gefälle und starke Wasserwucht. Schwerer als Liamone ab Bains de Guagno, WW6 mit drei Stellen WW7.
Besondere Gefahren: Der hohe Fall hat rechts eine versteckte Felsplatte im Unterwasser. Rückläufe. Schwimmen in den langen, harten Katarakten. Die letzte Stufe in der Klamm vor Balmuccia überrascht mit einem unerwartet starken Rücksog!
Befahrungszeit: Ganzjährig an Werktagen ab mittags durch Kraftwerkszuschuß. Im Frühjahr oft zu viel Wasser!
Auto: Erst unterhalb Boccioleto ist die Straße wieder erreichbar. Autobegleitung nur auf dem letzten Teilstück möglich.

Egua
Einsatz: Brücke oberhalb Ferrate.
Aussatz: Im Stausee bei Rimasco.
Fahrstecke: 4 km, 4–5 Stunden.
Charakter: Offener Talgrund aus massiven, von unten anstehenden Fels über den die Egua in hohen Fällen dem Stausee entgegenstürzt. Ab der Brücke unterhalb Molino steiles Geröllbett.
Schwierigkeiten: Vergleichbar den Wasserfällen des mittleren Rizzanese in komprimierter Form. Durchweg fahrbar, WW6 und 7. Später auf WW5+ fallend.
Besondere Gefahren: Trotz beängstigendem Gefälle relativ fair.

Befahrungszeit: Nicht bei zuviel Wasser. Oft bis Anfang Juli möglich.

KLETTERN

Am »Torre delle Giavine«, dem weit über dem Tal thronenden Felsturm von Boccioleto. Techno-Touren.

WANDERN

Auf dem GTA Richtung Alagna oder ins Valle Anzasca.
Detaillierte Beschreibungen über lohnende Routen mit Hinweisen zu Fauna und Flora erhält man beim APT in Varallo.

SEHENSWERTES

Rima:

Oratorium »Delle Grazie« aus dem 15. Jh.

Boccioleto:

Kleines Bergdorf mit haarsträubender Haarnadelkurve.
Typische Architektur, viele Kapellen und Fresken.

Rossa:

Kapelle Madonna delle Giavinelle etwas außerhalb des Dorfes.
Stickereischule »Scuola di Puncetto«, die man besichtigen kann.

RETTUNGSDIENST

Rima San Giuseppe, Telefon 0163/95140 oder 95118
Carcoforo, Telefon 0163/95603 oder 95609 oder 95617

INFORMATIONEN

Pro Loco Carcoforo, Telefon 0163/95612
Parco Naturale Alta Valsesia, Fraz. Rima, Telefon 0163/95026

Val Sorba

Sorba

Allein ein Name sagt noch nichts über Charakter und Aussehen. Trotzdem macht man sich insgeheim ein vages Bild und ist enttäuscht, wenn es nachher nicht zutrifft. Nicht so am Sorba. Sorba – die Vogelbeere. Ein rassiger Name, ein rassiger Wildfluß, in Rassa steigt man in die Boote... Es paßt alles zusammen.

Rassa ist ein wunderschönes kleines Dörfchen am Zusammenfluß des Torrente Gronda mit dem Torrente Sorba. Die alten Walserhäuser verbinden in perfekter Weise massive Holzkonstruktionen mit Natursteinplatten aus Schichtgranit. Die Teerstraße endet an einem großen Parkplatz neben dem Ort. So hat man sich die Autos der Wandersleute, die bei schönem Wetter an Wochenenden reichlich anrollen, geschickterweise aus dem Dorf herausgehalten.

Es gibt zwei Möglichkeiten einzubooten. Entweder man trägt sein Kajak den Gronda oder den Sorba hinauf. Der Sorba sieht zwar direkt am Zusammenfluß nicht besonders lohnend aus, doch oberhalb der nächsten Kurve wartet ein echtes »Highlight«: Eine fünfzehn Meter hohe Rutsche mit Knick in der Mitte, die noch auf ihre Erstbefahrung wartet. Allein vom Anschauen haben wir sie schon mit Wildwasser acht bewertet.

Ab dem Zusammenfluß von Sorba und Gronda wird die Wassermenge akzeptabel. Kurz darauf beginnen herrliche Rutschen über das Grundgestein. Dicht auf dicht folgt eine Schlüsselstelle nach der anderen. Es sind nur zweieinhalb Kilometer bis zur Aussatzstelle, doch dazwischen liegen so viele Höhepunkte, daß uns die Strecke nicht kurz vorkommt.

▶
Auftakt einer Sorbabefahrung auf dem Torrente Gronda!

Gerade 2,5 km ist die fahrbare Strecke. Aufgrund der dichten Folge von schweren Stellen kommt er uns nicht kurz vor.

Das ständige Aussteigen halbieren wir uns. Jeder schenkt den Zeichen seines Freundes Vertrauen, nur bei besonders kritischen Stellen läßt man den anderen selbst aussteigen und urteilen. Aber der Sorba bleibt fair und ohne eine einzige Umtragstelle. Lediglich eine kleine Stufe, die ich absichtlich langsam anfahre, um eine Kerze fürs Foto zu schaffen, hält mich fest. Beinahe wäre eine Rettungsaktion notwendig geworden!

Abermals überspannt eine alte Natursteinbrücke den Fluß, sie ist dicht mit grünen Hängepflanzen bewachsen. Darunter befindet sich eine rasante Steilkurve. Ein wenig erinnert mich diese Stelle an die Kanone auf der Melezza, nur ist hier alles kleiner, enger und lieblicher. Zwei Katarakte später wird links ein langes, helles Hausdach sichtbar. Über Felsplatten führt ein Anglerpfad hinauf. Das Aufsteigen zur Straße ist mühelos. Hinter dem langen Schuppen stürzt der Sorba über unfahrbare Abfälle zur Sesia hinunter.

Es erstaunt uns, daß ein so herrlicher Fluß der Kanuliteratur solange unbekannt geblieben ist. Der Sorba verspricht drei Stunden Fahrspaß auf höchstem wildwassertechnischen Niveau, und nicht eine einzige unfahrbare Stelle trübt unser Vergnügen.

Kurz nach dieser fotogenen Brücke darf der Ausstieg nicht verpaßt werden. Unfahrbare Wasserfälle folgen.

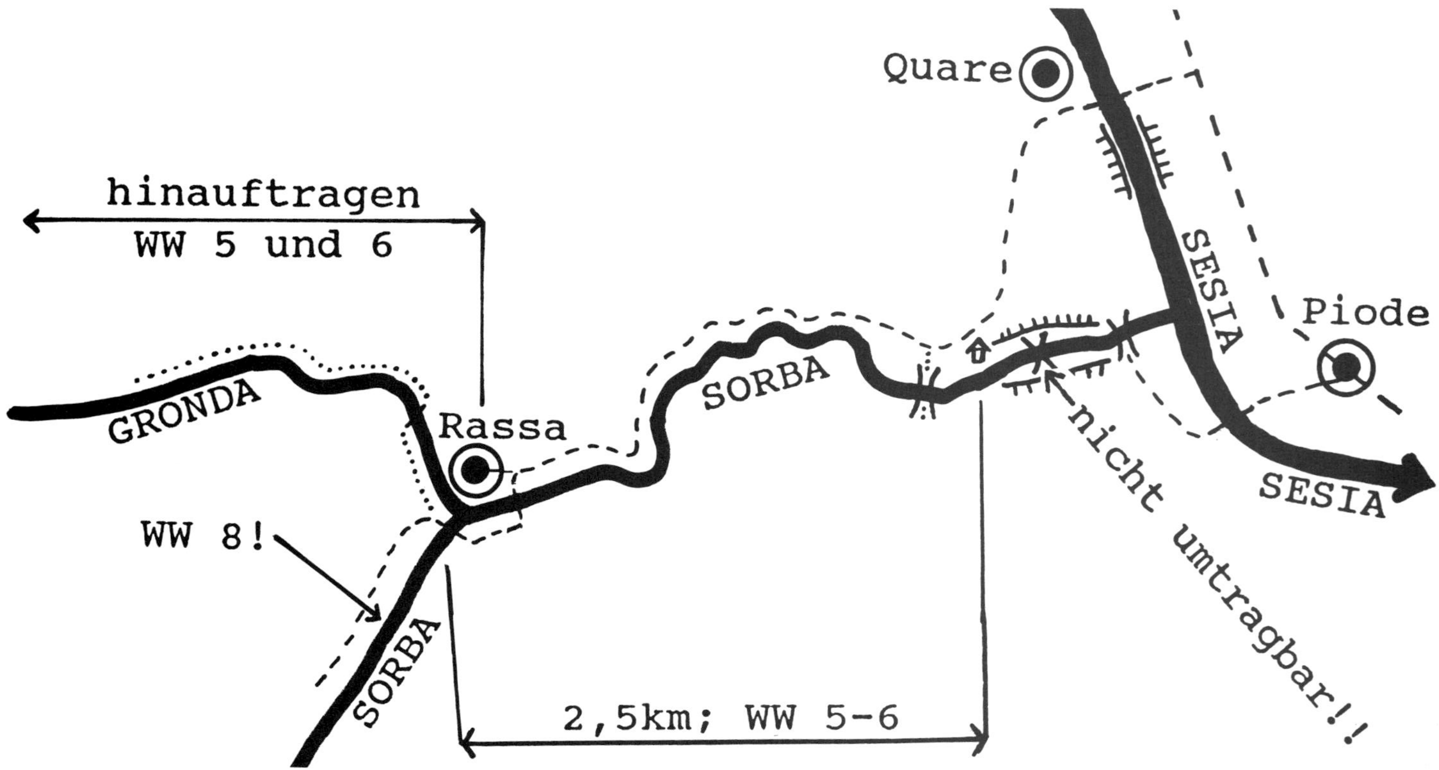
hinauftragen
WW 5 und 6
GRONDA
Rassa
WW 8!
SORBA
SORBA
2,5km; WW 5–6
Quare
SESIA
Piode
nicht umtragbar!!
SESIA

Überblick Val Sorba

WILDWASSER

Einsatz: Am Straßenende in Rassa,
oder noch einige hundert Meter den Gronda hinauftragen.
Aussatz: Zwei Katarakte nach der alten Natursteinbrücke, wenn links ein langes helles Stalldach sichtbar wird.
Fahrstrecke: 2,5 km, 3 Stunden.
Charakter: Schwerer, aber fairer Wildfluß. Teils im Geröllbett, teils über Grundgesteinsrippen.
Schwierigkeiten: Ähnelt der Calasima, WW5–6.
Besondere Gefahren: Ausstieg nicht verpassen.
In den Engstellen Wasserwucht.
Befahrbarkeit: Bis Juli.

SCHLUCHTENKLETTERN

Ein feuchtes Vergnügen an den Mündungswasserfällen nahe Piode.

WANDERN

Am Parkplatz in Rassa stehen auf einer Metalltafel des CAI ein gutes Dutzend Vorschläge.

SEHENSWERTES

Rassa:

Uriges Dorf mit hübscher Kirche. Typische, ländliche Architektur.

INFORMATION

Pro Loco di Rassa.

Valle Artogna

Artogna

Gleich drei Seitenflüsse der Sesia sind es, die ihren Ursprung im dreitausend Meter hohen Gebirsgmassiv des Corno Rosso, des Roten Hörnchens haben. Von Norden nach Süden sind es die Vogna, Artogna und Sorba.

Das Valle Artogna ist das kleinste und engste dieser drei Täler. Es wird als einziges von keiner Fahrstraße erschlossen. Campertogno im Sesiatal, das ehemalige Campo d'Artogna, ist der Ausgangspunkt für eine Wanderung in das verlassene Artognatal. Der alte Saumpfad, der die einst ganzjährig bewohnten Gemeinden im Tal verbindet, verläuft stets in Flußnähe. Oft hat sich die Artogna so eng eingegraben, daß man ohne Kletterei nichts von ihr sieht. Nach einem vierstündigen Fußmarsch gelangt man am Ende des Tales zur Alpe Campo, die als größte Ansiedlung über eine eigene Kirche verfügt. Weiter oben bilden mehrere kleine, eiskalte Hochgebirgsseen den Talschluß in über zweitausend Meter Höhe. Hier hat die Artogna ihren Ursprung.

Einer Wildwasserbefahrung der Artogna steht folgendes im Weg: Zuerst müßte das Boot die ganze Strecke mühsam hinaufgetragen werden. Als zweites ist da ein Kilometer oberhalb der Mündung in die Sesia die Cascata del Tinaccio. Sie ist zwanzig Meter hoch und völlig unfahrbar. Das Wasser stürzt durch einen engen Felsspalt, die senkrechten Wände lassen ein Umtragen nicht zu. Einzig über den Wanderweg könnte man sich nach unten in den Tumpf abseilen. Doch gleich darauf stürzt die Artogna über zehn Meter hinunter, es folgen noch einige weitere hohe Fälle in einer engen Klamm. Ohne Seil kann man nicht genug einsehen.

▶

Hohe, sehenswerte Wasserfälle der Artogna.

Lohnender sind die Trekkingmöglichkeiten. Oberhalb der Alpe Campo kommt man über den Colle della Meia in das Quellgebiet von Vogna, Sorba und Sessera. Etwa dreißig kleine natürliche Bergseen machen eine mehrtägige Wanderung in dieser wunderschönen, abgelegenen Hochgebirgsregion attraktiv. Je nach Wind und Wetter kann man dort einige lohnende Flüge mit dem Gleitschirm machen und sich so jeweils den Abstieg sparen.

Val Vogna

In einem Cafe in Varallo treffen wir Mario, einen italienischen Wildwasserkollegen. Er kennt die Gegend gut, und so sind wir gleich am Fachsimpeln, wie es unter Kanuten üblich ist. Auch auf die Vogna kommen wir zu sprechen. »Bisher hat es noch niemand versucht«, ist sein Kommentar.

Wir merken uns den Fluß und kommen schon am darauffolgenden Tag ins Vognatal zum Erkunden. Manches ist von der Straße aus zu sehen. Ein kleiner Pfad führt vom verträumten Walserdörfchen Vogna di Sotto zum Fluß hinunter. Eine auf unserer Karte eingezeichnete Brücke gibt es nicht mehr. Soweit wir in ihre Schlucht hineinsehen können, ist die Vogna fahrbar.

Der bequemste Einstieg befindet sich oberhalb San Antonio, ein Kilometer nach dem Ende des Fahrweges bei einem kleinen Fußgängersteg. Gleich zu Beginn wartet ein fünfzehn Meter hoher Fall, die Einheimischen nennen ihn den »Sprung von Valentino«. Valentino war sicherlich nicht der Erstbefahrer, und ob diese ersten dreihundert Meter der Vogna überhaupt fahrbar sind, haben wir nicht ausprobiert. Der Fall ist im Unterwasser sauber, aber gleich danach tost die Vogna durch eine kurze, enge Klamm, die wir nicht vollständig einsehen können.

Also tragen wir unsere Boote erst unterhalb an den Schluchtrand. Drei Wurfsacklängen müssen wir die Kajaks über einen steilen, abgerutschten Hang hinunterseilen. Dann sind wir am Fluß und können einbooten. Die ersten Stufen sind extrem schwer. Zuerst ein drei Meter hoher Wasserfall mit verzwickter Anfahrt, gleich darauf eine Zweierkombination, wobei der zweite Fall vier Meter senkrecht in einen tiefen Tumpf hinabstürzt. Mich katapultiert es rückwärts aus dem Unterwasser, so, wie ich eingetaucht bin. Gert, der mit mehr Schwung angefahren kommt, eskimotiert ausdauernd. Ständig ziehen ihm die Wasserpilze das

Zeit, um uns warmzupaddeln, bleibt nicht.

Paddelblatt weg, erst nach dem fünften Versuch ist er wieder oben.

Die nächste Stelle umheben wir. Eine Felsrippe ragt zu weit in die Durchfahrt hinein, wir wollen kein Risiko eingehen. Hundertachtzig Höhenmeter müssen wir auf den nächsten drei Kilometern bis zur Sesia noch überwinden, das entspricht einem Durch-

▶ **Im leichteren, mittleren Abschnitt der Vogna.**

schnittsgefälle von sechzig Promille. Erfahrungsgemäß ist bei dieser Wassermenge mit erheblichen fahrtechnischen Schwierigkeiten zu rechnen.

Verblüffenderweise wird der Bach leichter. Die Felswände auf beiden Seiten sind senkrecht und über hundert Meter hoch. Der Talgrund bleibt so breit, daß ein Anhalten und Aussteigen jederzeit gut möglich ist. Wir erfreuen uns der Natur und stellen uns vor, daß wir die ersten sind, die hier durch diese unberührte Schlucht hindurchgleiten.

Nach zwei Kilometern liegt in einem Seitental eine große Lawine, ihre Schneereste reichen bis zu uns herunter. Die Berge des Sesiatales sind bereits deutlich zu sehen, ja dort wollen wir hin. Aber wir sind beunruhigt, der Fluß ist zu leicht, seit den spektakulären Wasserfällen am Einsatz überwindet er zu wenig Gefälle. Sollten wir uns doch verrechnet haben?

Vor uns beschreibt die Schlucht einen Knick. Die Felswände rücken bedrohlich eng zusammen, einige gefällstarke Passagen müssen wir besichtigen. Beim Erkunden sind wir uns schnell einig: Die Fahrt ist zu Ende. Die Eingangsstufen in die folgende Verengung sind zu schwer, der Wasserfall, der an der engsten Stelle wartet, zu hoch. Den Tumpf können wir von hier oben ohne Kletterausrüstung nicht einsehen, und was danach kommt, ebenfalls nicht. Das Umtragen des Falles ist unmöglich, wir müssen zurück.

Über lockere Steinbrocken schleifen und tragen wir die Kajaks bis zur Lawine. Von hier zieht sich der kleine Pfad nach Vogna di Sotto hinauf, zweihundert Höhenmeter sind es bis zur Straße.

Wie geschlagene Gladiatoren kommen wir oben an. Ein Abenteuer genau nach unserem Geschmack, wenn auch heute mit kräftezehrendem Ende. Voglia di Vogna: Lust auf die Vogna?

◀
Durch diesen engen Felsspalt zwängt sich das Wasser hinunter. Wir können die Stufe weder einsehen, noch umtragen. Schweren Herzens und mit dem Boot auf der Schulter treten wir den Rückzug an.

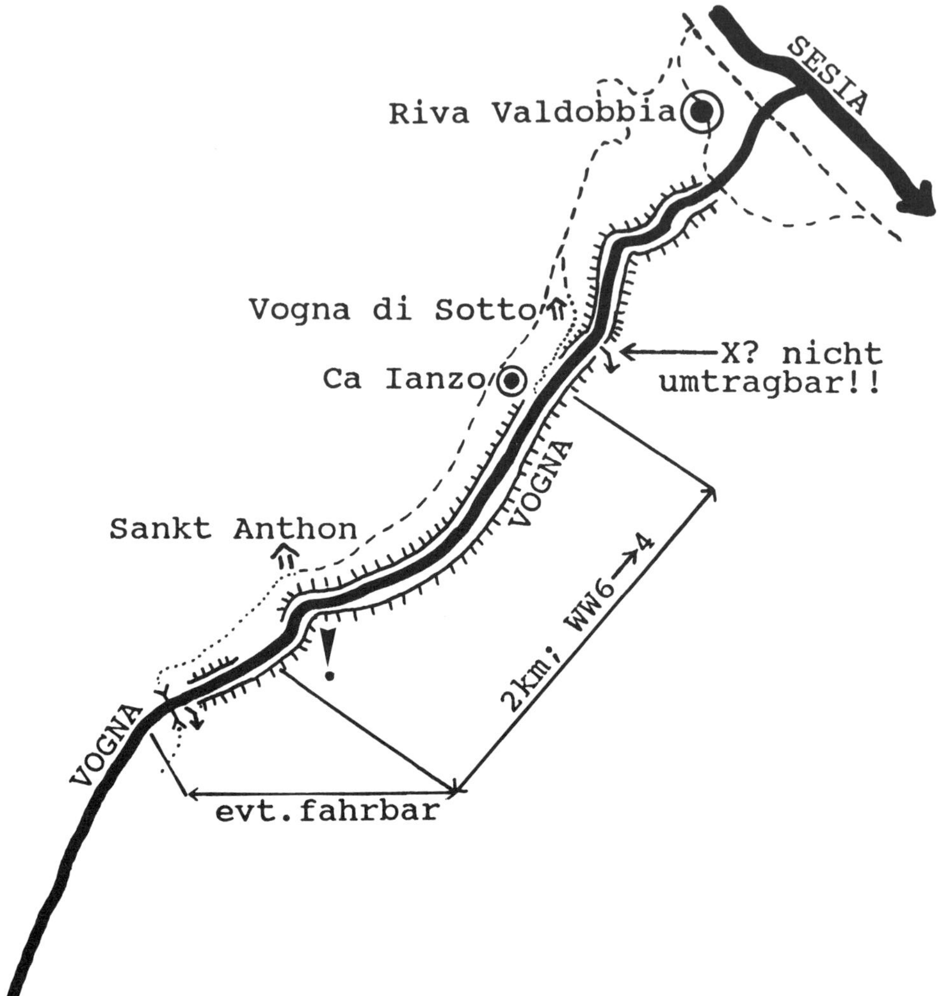
SESIA
Riva Valdobbia
Vogna di Sotto
Ca Ianzo
X? nicht umtragbar!!
VOGNA
Sankt Anthon
2km; WW6→4
VOGNA
evt.fahrbar

Überblick Val Vogna

WILDWASSER

Einsatz: 700 m oberhalb San Antonio bei kleinem Seitenbach. Über abgerutschten Hang drei Wurfsacklängen zum Fluß abseilen.
Aussatz: An der Lawinenrinne kurz oberhalb Vogna di Sotto.
Fahrstrecke: 2 km, alles in allem 4 Stunden.
Charakter: Tief eingeschnitte Schlucht mit breitem Talgrund.
Schwierigkeiten: Zu Beginn WW6. Abnehmend auf WW4.
Besondere Gefahren: Mühsamer Einstieg und Ausstieg.
Befahrbarkeit: Je nach Schneelage bis Mitte Juli.
Auto: Straße 200 Höhenmeter oberhalb Flußniveau, unerreichbar.

SCHLUCHTENKLETTERN

Den Wasserfall, an dem wir aufhören mußten, konnten wir nicht einsehen. Deshalb sollte man von Riva Valdobbia in die Schlucht hineinlaufen und nachschauen. Die gesamte Schlucht der Vogna ist bei gefallenen Wasserständen im Sommer eine hervorragende Schluchtingtour.

WANDERN

Von San Antonio 1380 m zur Alpe Rissuolo und weiter zum Lago Bianco und Lago Nero 2670 m. Abstecher zur wunderschönen Alpe Larecchio (larice = Lärche) ratsam.
Der GTA durchzieht das ganze Tal bis zur Quelle der Vogna. Über einen alten Walserweg zum Colle Valdobbia und jenseits hinunter zum zweiten Ort Riva Valdobbia bei Gressoney St. Jean.

Kirchenportal in Riva Valdobbia.

SEHENSWERTES

Walserhäuser in Ca Ianzo und San Antonio.
Museum und Souvenirladen in San Antonio.

CAMPING

»Alagna« in Riva Valdobbia, Telefon 0163/91217

INFORMATION

Pro Loco di Riva Valdobbia.
Souvenirladen in San Antonio.

Die Autoren

Gert Spilker, 27, ist ein typischer »Senkrechtstarter« der Paddelszene. Gleich nachdem er 1983 mit dem Kajaken begann, stürzte er sich ausschließlich auf Wildwasser immer höherer Schwierigkeitsgrade, und das fast jedes Wochenende. Erst vor kurzem bemerkte er, daß es auch noch anderes gibt: Idyllische Gepäckfahrten, Gleitschirmfliegen, Skitourengehen, Mountain-Biken, Klettern, Weitwandern, und... sein Physikstudium!

Klemens Binninger, 31, ist zur Zeit Hausmann mit zwei kleinen Kindern. Als 18jähriger fand er zufällig zum Kajaksport, seitdem ist er davon fasziniert. Seit 1984 spezialisierte er sich immer mehr auf das extreme Wildwasser, schätzt aber dennoch längere, geruhsame Wanderfahrten mit Gepäck und vor allem Quelle-bis-Mündung-Befahrungen, wie z.B. Donau, Inn und Doubs. Mit seinen Diaschauen über Türkei, Chile, Mexiko und das Piemont ist er einigen aus der Paddelszene bekannt.

Fotonachweis

Gert Spilker
mit Leica R6 auf Kodachrome S. 15, 31, 32, 35, 41, 42, 51, 63, 73, 78, 79, 81, 82, 83, 84, 85 o, 89, 96 o, 96 u, 113, 141, 149, 150/ 151, 153 o, 155 o, 155 u, 157, 158, 172, 176, 187, 190, 211, 212, 213, 221
mit Nikon-F-301 auf Kodachrome S. 27, 88 u, 182, 200
mit Rollei B-35 auf Ektachrome S. 103, 132

Klemens Binninger
mit Canon T-70 auf Fujichrome S. 28, 30, 53, 60, 65, 85 u, 88 o, 109, 115, 131, 154, 163, 222, 227 u
mit Leica R6 auf Kodachrome S. 112, 169 o, 169 u, 173, 174, 175, 195, 217, 220, 226, Titelbild

Bertram Winkler S. 13, 18, 24, 48, 72, 121, 125, 129, 166, 202, 203, 204

Marc Wilpert
mit Nikon FG-20 auf Kodachrome S. 44, 46, 87 o, 87 u, 128, 135, 153 u, 196

Oliver Wilpert
mit Nikon F-301 auf Kodachrome S. 16/17, 86, 133

Christoph Mayer
S. 186

Carsten Winnewisser
S. 227 o

Dank

Ganz herzlich bedanken möchten wir uns bei den Firmen:

Pyranha für das großzügige Bereitstellen zweier Mountain-Bat, die sich auch im schwersten Wildwasser bestens bewährt haben.

Indianship die uns erst auf die Idee brachte, einige Wildflüsse im offenen Canadier zu befahren und diese Idee tatkräftig unterstützte.

Moll für das großzügige Bereitstellen modernster Paddel, die sich im schonungslosen Umgang ebenfalls bestens bewährt haben.

Greywolf für das großzügige Bereitstellen hervorragender Rucksäcke und Schlafsäcke. Insbesondere die Rucksäcke wurden bei expeditionsmäßigen Wanderungen und Schluchtingtouren hart rangenommen und haben sich ebenfalls bestens bewährt.

Leitz für das großzügige Überlassen einer wertvollen Kameraausrüstung, die alle Wildflüsse und Wasserfälle unbeschadet überstanden und Robustheit somit vollauf unter Beweis gestellt hat.

Metzler für das großzügige Bereitstellen modernster Thermomatten, die unseren Schlafkomfort sehr angenehm verbessert haben.

Bedanken wollen wir uns aber insbesondere bei Carola Greiner und bei Prof. Dr. Eckhard Kownatzki für die kritische Durchsicht des Manuskriptes und für viele positive Anregungen!